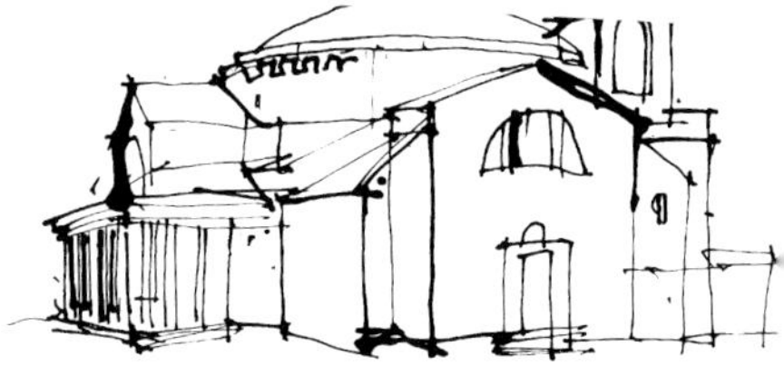

KARLSRUHER BEITRÄGE ZU THEOLOGIE UND GESELLSCHAFT

Herausgegeben von
Albert Käuflein und Tobias Licht

Band 3

Jacques Maritain

Philosophie und Politik aus katholischem Glauben

Jacques Maritain

Philosophie und Politik aus katholischem Glauben

Herausgegeben von
Tobias Licht und Benedikt Ritzler

Texte von

Victor Conzemius
Joseph Doré
Florent Gaboriau
Raymond Kriegel
Tobias Licht
Benedikt Ritzler
Oskar Saier

G. Braun

Dank gilt den Institutionen und Personen, die durch ihre Unterstützung die Veröffentlichung dieses Bandes ermöglicht haben:

Badische Beamtenbank eG, Karlsruhe
Anne Bauer, Karlsruhe
Wolfgang Dürr, Karlsruher Lebensversicherung AG
Erzbischöfliches Ordinariat, Freiburg
Förderverein des Roncalli-Forums, Karlsruhe
Katholische Gesamtkirchengemeinde Karlsruhe
Hans Adam Petri, J. König GmbH & Co., Karlsruhe
Gerd Spangenberg, Schwäbisch Hall AG, Kuppenheim
Sparkasse Karlsruhe
Volksbank Karlsruhe eG

G.BRAUN BUCHVERLAG
Karl-Friedrich-Str. 14–18, 76133 Karlsruhe

Einbandgestaltung: Robert Kutschera
Satz: Goldener Schnitt, Sinzheim

Die Deutsche Bibliothek – CIP-Einheitsaufnahme

Jacques Maritain: Philosophie und Politik aus katholischem Glauben/
Hrsg.: Tobias Licht und Benedikt Ritzler – Karlsruhe: Braun, 2002
(Karlsruher Beiträge zu Theologie und Gesellschaft; Bd. 3)
ISBN 3-7650-8289-9

Inhalt

Jacques Maritain

Vorwort

Eines der gestaltgebenden Kennzeichen des Christentums ist seit dem Beginn seiner Geschichte die enge Verbindung von Glaube und Vernunft. Sie manifestiert sich in dem Charakter der Theologie als vernünftiger Wissenschaft, ja des Glaubens selbst als einer Haltung vertrauender Hingabe, die nach vernünftigem Verstehen sucht (‚fides quaerens intellectum'). Sie zeigt sich aber auch in der herausgehobenen Stellung, die der Philosophie im Raum der Glaubenswissenschaft zukommt.

So entstand aus der Verbindung von biblischer Offenbarung und griechischem Geist nicht nur die spezifische Gestalt der abendländischen Kultur. Durch die „Entscheidung der frühen Kirche für die Philosophie"[1], in deren Mythenkritik sie eine enge Verwandtschaft zur Götzenkritik der Propheten Israels wahrnahm, gewann die Christenheit zugleich die Befähigung zu einem echten Dialog und das Instrumentarium zu argumentativer Vermittlung und rationaler Verantwortung eines auf wirklicher Überzeugung gründenden Glaubens (vgl. 1 Petr 3,15).

Solche Glaubensverantwortung ist heute, in einem Milieu der Beliebigkeit, in dem in Orientierung an einem „Primat des bloßen Meinens"[2] auch die Antworten auf letzte Sinnfragen Marktgesetzen unterworfen werden, von besonderer Dringlichkeit. Im Hinblick auf die „unbedingte Abneigung gegen alles Unbedingte"[3] im gesellschaftlichen Bewusstsein gilt es, die Frage nach dem Ganzen

---

1 Joseph Ratzinger, *Einführung in das Christentum. Vorlesungen über das Apostolische Glaubensbekenntnis*, München 1968, 103.
2 Hansjürgen Verweyen, *Theologie im Zeichen der schwachen Vernunft*, Regensburg 2000, 9.
3 Ebd., 43.

menschlicher Existenz, nach dem Sinn des Daseins und damit nach Gott *als philosophische Frage* wachzuhalten bzw. je neu zu stellen – und das unter dem Anspruch einer möglichen letztgültigen Wahrheit.

In seiner Enzyklika *Fides et Ratio* (1998) hat Papst Johannes Paul II. die Bedeutung der Philosophie für den christlichen Glauben nachdrücklich hervorgehoben. Der Glaube setze „ganz klar voraus, dass die menschliche Sprache fähig ist, die göttliche und transzendente Wirklichkeit auf allgemeingültige Weise auszudrücken." (84) Der Papst hebt hervor, dass der Glaube „an die Möglichkeit der Erkenntnis einer allgemeingültigen Wahrheit [...] die notwendige Voraussetzung für einen ehrlichen und glaubwürdigen Dialog der Menschen untereinander" ist (92). Ausdrücklich unterstreicht er den „Autonomieanspruch des philosophischen Denkens" (85).

Einer der wenigen Vertreter einer christlichen Philosophie, die in der Enzyklika exemplarisch mit Namen genannt sind (vgl. FR 74), ist der französische Philosoph Jacques Maritain (1882–1973). Maritain gehört zu jener großen, durchaus heterogenen Gruppe katholischer Denker, die – nach dem Anstoß durch die Enzyklika *Aeterni Patris* Papst Leos XIII. (1879) – ihr Werk in Orientierung am hl. Thomas von Aquin entfaltet haben. Dabei ist Maritains Thomas-Rezeption durchaus nicht rückwärtsgewandt. Sie ist vielmehr geprägt durch ein lebhaftes Interesse an den Fragen und Problemen der Zeit. Zahlreiche Analysen Maritains zur geistigen, kulturellen und politischen Lage erweisen sich als bleibend aktuell, sein Entwurf einer neuen christlichen Gesellschaftsordnung[4] und nicht zuletzt sein Beitrag zur Entstehung der Allgemeinen Erklärung der Menschenrechte der Vereinten Nationen (1948) setzen auch heute Maßstäbe.

Angesichts dessen ist es erstaunlich, dass Person und Denken Jacques Maritains im deutschen Sprachraum seit Jahren weithin in Vergessenheit geraten ist, obgleich er auch hier lange Zeit keine geringe Beachtung gefunden hatte und einige seiner Werke ins Deutsche übersetzt worden waren. In den letzten Jahren sind lediglich zwei deutschsprachige Monographien erschienen: eine *Einfüh-*

[4] Vgl. bes.: Jacques Maritain, *Christlicher Humanismus. Politische und geistige Fragen einer neuen Christenheit*, Heidelberg 1950.

rung in Leben und Werk von Peter Nickl[5] und die Arbeit von Benedikt Ritzler über das Personverständnis Maritains[6]. Darüber hinaus liegen aus jüngerer Zeit der Beitrag von Armando Rigobello in dem Handbuch *Christliche Philosophie im katholischen Denken des 19. und 20. Jahrhunderts*[7] und der knappe Artikel zu Maritain in der Neuauflage des *Lexikons für Theologie und Kirche*[8] vor. Die Zurückhaltung der Forschung ist um so verwunderlicher, als von entsprechenden philosophiegeschichtlichen Untersuchungen wichtige Aufschlüsse über Zusammenhänge bzw. Wechselverhältnisse mit der zeitgenössischen Entwicklung auch im deutschsprachigen Raum erwartet werden dürften.[9] Auch Maritains Einfluss auf die Lehre des Zweiten Vatikanischen Konzils[10] und auf die Entwicklung der Sozialverkündigung der Kirche insgesamt würde eine weitere Erforschung lohnen.

Vom 3. November bis 1. Dezember 2000 fand in der Stadtbibliothek und im Centre Culturel Française Karlsruhe unter dem Titel *Jacques Maritain. Kosmopolit des 20. Jahrhunderts* eine Ausstellung zu Leben und Werk Jacques Maritains statt. Nicht weit von Maritains Grab in Kolbsheim (Elsaß) und in der Stadt, in der die obersten Gerichte Deutschlands gesellschaftlich bindende Wert-

[5] Peter Nickl, *Jacques Maritain. Eine Einführung in Leben und Werk*, Paderborn/München/Wien/Zürich 1992 (Politik- und Kommunikationswissenschaftliche Veröffentlichungen der Görres-Gesellschaft 10).

[6] Benedikt Ritzler, *Freiheit in der Umarmung des ewig Liebenden. Die historische Entwicklung des Personverständnisses bei Jacques Maritain*, Bern/Berlin/Brüssel u.a. 2000 (Europäische Hochschulschriften XXIII/684).

[7] Armando Rigobello, *Jacques Maritain (1882–1973)*; in: Emerich Coreth SJ / Walter M. Neidl / Georg Pfligersdorffer (Hrsg.), *Christliche Philosophie im katholischen Denken des 19. und 20. Jahrhunderts*, Bd. 2. *Rückgriff auf scholastisches Erbe*, Graz/Wien/Köln 1988, 493–518.

[8] Rolf Schönberger, Art. *Maritain*; in: ³*LThK*, Bd. 6, Freiburg/Basel/Rom/Wien 1997, 1386.

[9] So vermutet Otto Muck, *Die deutschsprachige Maréchal-Schule – Transzendentalphilosophie als Metaphysik: J.B. Lotz, K. Rahner, W. Brugger, E. Coreth u.a.*; in: Emerich Coreth SJ / Walter M. Neidl / Georg Pfligersdorffer (Hrsg.), *Christliche Philosophie im katholischen Denken des 19. und 20. Jahrhunderts*, Bd. 2., a.a.O., 590–622, 591, auch in Maritain – durch „die Wiederentdeckung des thomanischen Seinsverständnisses" – einen der Wegbereiter der deutschsprachigen Maréchal-Schule.

[10] So wird beispielsweise die für die Pastoralkonstitution des Zweiten Vatikanums zentrale Lehre von der „Autonomie der irdischen Wirklichkeiten" (GS 36) zuvor auch bei Maritain entfaltet (vgl. ders., *Christlicher Humanismus*, a.a.O., 139).

entscheidungen treffen, erinnerte sie an den großen Vordenker einer christlichen Gesellschaft. Die Ausstellung, die unter dem Titel *Les grandes amitiés de Jacques et Raïssa Maritain* bereits in mehreren Städten zu sehen gesesen war, in Karlsruhe erstmals in deutscher Sprache, zeigte vor allem persönliche Dokumente, Briefe und Bilder des großen Freundeskreises der Maritains. So konnte nicht nur ein authentischer Einblick in zeitgeschichtliche Zusammenhänge vermittelt werden, sondern auch die lebendige Anschauung von einem Leben, das reich war gerade durch die Fülle an Kontakten und freundschaftlichem Austausch.

Der vorliegende Band dokumentiert die bei der Eröffnungsveranstaltung am 3. November 2000 im Ständehaussaal der Stadtbibliothek und bei einem abschließenden Kolloquium am 1. Dezember 2000 im Stephanssaal des Dekanatszentrums Karlsruhe vorgetragenen Texte: das zur Eröffnung verlesene Grußwort des Erzbischofs von Freiburg, Dr. Oskar Saier, der gemeinsam mit dem Erzbischof von Straßburg, Msgr. Joseph Doré, und dem Oberbürgermeister von Karlsruhe, Heinz Fenrich, die Schirmherrschaft über die Ausstellung übernommen hatte, und das einleitende Referat des Hauptorganisators der Karlsruher Ausstellung, Dr. Benedikt Ritzler. Dieser Text gibt *Einblicke in Leben und Werk von Jacques Maritain* und wurde für die Veröffentlichung um Ausführungen zur Relevanz von Maritains Denken für die aktuelle Wertediskussion erweitert. Die Beiträge von Victor Conzemius, Florent Gaboriau und Raymond Kriegel geben deren überarbeitete Statements bei der abschließenden Podiumsdiskussion am 1. Dezember 2000 wieder. Victor Conzemius setzt sich in *Jacques Maritain: Zeitgenossenschaft als Zeugnis* mit dem Wirken des Philosophen im zeitgeschichtlichen Kontext auseinander.[11] Unter dem Titel *Thomas von Aquin im Gespräch mit Jacques Maritain* stellt Florent Gaboriau im Rahmen eines fiktiven Dialogs zwischen Thomas und Maritain *Überlegungen zu J. Maritains Philosophie im Licht seines Meisters* an.[12] Raymond Kriegel konzentriert sich auf Maritains politische Analysen und Entwürfe: *Integraler Humanismus für Europa? Zu Hintergründen und*

[11] Der Beitrag erschien in veränderter Form auch in: StZ 220 (2002), 159–176.
[12] Der Text erschien in französischer Sprache auch in: *Thomas d'Aquin à la croisée du siècle*, Paris 2001. Die deutsche Übersetzung besorgte B. Ritzler.

Aktualität von J. Maritains Humanisme intégral. Zur Veröffentlichung kamen ein Geleitwort des Erzbischofs von Straßburg, Msgr. Joseph Doré, und ein weiterer Beitrag von Benedikt Ritzler hinzu, in dem dieser sich unter dem Titel *Künstlerische Inspiration – nichts als Emotion? mit J. Maritains Seelenmodell als Erklärungsversuch innergeistiger Vorgänge* befasst.
Die Beschäftigung mit Jacques Maritain führt zu immer neuen Entdeckungen. Sie erschließt denkgeschichtliche Zusammenhänge und eine Zeitkritik von großem Weitblick. Sie macht bekannt mit einer visionären Kraft, die dazu anleitet, auch heute Staat, Gesellschaft und Kultur aus christlichem Glauben heraus zu gestalten. Und schließlich führt sie zur Begegnung mit einer liebenswerten Persönlichkeit, die in ihrem Lebenskreis eine überzeugende Gestalt christlichen Glaubens verwirklicht hat.[13]

Dank gilt Angelika Kügele und Dr. Susanne Sandherr für die Durchsicht der Manuskripte und Dr. Monika Bachmayer vom Verlag G. Braun für die freundliche Betreuung der Veröffentlichung.

Karlsruhe, an Pfingsten 2002

Tobias Licht

[13] Weitere Informationen und Literatur zu Jacques Maritain im Internet unter www.maritain.de.

Zum Geleit

Erzbischof Dr. Oskar Saier, Freiburg

Die Persönlichkeit des christlichen Denkers Jacques Maritain baut Brücken: zunächst zwischen Frankreich und Deutschland, dann auch zwischen Denken und Glauben und schließlich zwischen dem Empfinden des modernen Menschen und der bleibenden Kraft des christlichen Erbes.

Der Titel der Karlsruher Ausstellung, die Leben und Werk Maritains erschließt, nennt den Philosophen einen „Kosmopoliten des 20. Jahrhunderts". Ich pflichte dem gerne bei und möchte noch hinzufügen, wie sehr ich davon überzeugt bin, dass der Blick auf Maritains Leben und Werk auch unserem 21. Jahrhundert wichtige Impulse geben kann.

Gegenwärtig wächst Europa mehr und mehr zusammen. Die Frage nach einer gesamteuropäischen Verfassung beginnt sich zu stellen. Woraus wird Europa seine Werte schöpfen? Welche Maßstäbe werden zum Tragen kommen? Welche Leitbilder werden wirkmächtig? Solchen Fragen werden wir uns in den kommenden Jahren intensiv stellen müssen. Das Lebenszeugnis Jacques Maritains scheint mir in verschiedener Hinsicht Horizonte einer Antwort auf diese Fragen vermitteln zu können:

– Maritain war ein Mensch der Freundschaft, der Grenzen zu überwinden verstand. 1906 bis 1908 studierte er, der Franzose, trotz der damaligen „Erbfeindschaft" im deutschen Heidelberg. Später zählten Romano Guardini, Ildefons Herwegen und Erik Peterson zu seinem engeren Bekanntenkreis. Beeindruckend ist auch, was er über seine Begegnung mit Edith Stein berichtet. Aufs Engste fühlt er sich der Philosophin verbunden. Nie hätte er, so betont er noch Jahrzehnte später, ihre Intelligenz, ihre leidenschaftliche Wahrheitsliebe und ihre Lauterkeit vergessen.

Maritains Lebensweg macht deutlich, dass Europa nicht wachsen kann ohne persönliches Engagement, vielfältige Begegnungen und beständige Treue.

– Einen nicht unwesentlichen Beitrag leistete Maritain, der von 1940 bis 1960 in den USA lebte, zur Formulierung der Erklärung der Menschenrechte im Jahre 1948. An seinem Engagement können wir erkennen, dass es den Mut zur Eindeutigkeit und Verbindlichkeit braucht, wenn das Zusammenleben der Menschen gelingen soll. Sein Impuls ist für uns in Europa von unmittelbarer Bedeutung, denn in den nächsten Jahren müssen wir dazu gelangen, gemeinsam einen für den ganzen zusammenwachsenden Kontinent verbindlichen Kanon von Werten zu formulieren.

– In seiner Enzyklika *Fides et ratio* nennt Papst Johannes Paul II. einige Persönlichkeiten mit Namen, deren Werk die Fruchtbarkeit der Verbindung von Philosophie und dem Wort Gottes erkennen lässt. Neben Edith Stein erwähnt er auch ausdrücklich Jacques Maritain (*Fides et ratio* 74). In der Tat war er ein Mensch, der sich sein Leben lang denkerisch und existenziell den letzten Fragen stellte. Er hatte den Mut – und hier darf ich eine Formulierung des Heiligen Vaters aus der erwähnten Enzyklika aufgreifen –, „radikale Fragen nach dem Sinn und letzten Grund des menschlichen, persönlichen und gesellschaftlichen Lebens zu stellen" (*ebd.* 6).

In unserer pluralistischen Gesellschaft, in der ständig die Gefahr besteht, dass der Relativismus absolut gesetzt wird, ist es nötiger denn je, das Bewusstsein für diese Fragen wach zu halten, denn sie gehören wesentlich zum Menschsein. Auch hier kann uns Maritain ein Vorbild sein.

Ich wünsche allen, die sich mit Leben und Werk des großen französischen Denkers auseinandersetzen, dass Ihnen Anregungen und Erkenntnisse zuteil werden, die unsere gesellschaftliche Wirklichkeit bereichern.

Zum Geleit

Erzbischof Msgr. Joseph Doré, Straßburg

Die kulturelle Tradition Europas ist tief geprägt und durchdrungen vom christlichen Glauben. Seit der Verbindung von biblischer Offenbarung und griechischem Denken in der Frühzeit der Kirche hat die frohe Botschaft über viele Jahrhunderte das geistige, künstlerische und gesellschaftliche Leben Europas bestimmt, hat ihm Richtung, Inhalt und Form gegeben.
Um so schwerer wiegt der „Bruch zwischen Kirche und Kultur", der sich in den Jahrhunderten seit der beginnenden Neuzeit vollzogen hat und den Papst Paul VI. als „das Drama unserer Zeitepoche" bezeichnet hat (Apostolisches Schreiben *Evangelii Nuntiandi* [1975], 20). Denn mit dem Verlust der Bindung an den Ursprung und die integrierende Mitte verlieren auch die tragenden Grundüberzeugungen und Wertmaßstäbe des gesellschaftlichen Zusammenlebens ihre Überzeugungskraft und unbezweifelte Geltung. Dies zeigt sich heute ganz besonders an den „Fragen des menschlichen Lebens, das in vielfältiger Weise bedroht ist."[1]
In der Sorge um „eine menschenwürdige Zukunft der Menschen"[2] ist es deshalb heute eine primäre Aufgabe der Kirche, den verlorenen Faden zwischen Kirche und Kultur zu suchen und neu aufzunehmen. Es gilt, Brücken zu bauen und durch aktive Präsenz Kultur und Gesellschaft von innen heraus mit dem Geist des Evangeliums zu durchdringen, um so die Verständnisgrundlagen zu schaffen für den „konsequenten Humanismus"[3], den wir verkündigen.

---

1 *Leben am Oberrhein.* Gemeinsames Hirtenwort der Bischöfe von Freiburg, Straßburg und Basel zu biomedizinischen und gentechnischen Herausforderungen (2002).
2 *Leben am Oberrhein*, ebd.
3 *Leben am Oberrhein*, ebd.

Der französische Philosoph Jacques Maritain, dem der vorliegende Band gewidmet ist, hat sich wie kaum ein anderer im 20. Jahrhundert um diese Aufgabe verdient gemacht. In der Schule des hl. Thomas von Aquin hat er nicht nur der christlichen Philosophie wichtige Impulse gegeben. Immer wieder hat er gegenüber den drängenden Fragen seiner Zeit den Standpunkt des Glaubens formuliert und schließlich den Entwurf einer neuen christlichen Gesellschaftsordnung, „einer neuen zeitlichen Lebensordnung christlicher Art"[4], vorgelegt. In der Allgemeinen Erklärung der Menschenrechte der Vereinten Nationen (1948), an deren Formulierung Maritain mitgewirkt hat, ist sein Denken geschichtsmächtig geworden und erweist es seine bleibende Aktualität.
Die Bedeutung Maritains als eines der großen katholischen Denker des 20. Jahrhunderts ist allgemein anerkannt. Mit nur wenigen anderen wurde ihm die Ehre zuteil, von Papst Johannes Paul II. in seiner Enzyklika *Fides et Ratio* über das Verhältnis von Glaube und Vernunft (1998) namentlich als Beispiel für „die fruchtbare Beziehung zwischen der Philosophie und dem Wort Gottes" in neuerer Zeit hervorgehoben zu werden (FR 74). Um so erstaunlicher ist es, dass Maritain gerade im deutschsprachigen Raum auch in Fachkreisen heute wenig beachtet wird und zu denen gehört, „die erst noch ihrer Erschließung harren"[5].
Ich begrüße es deshalb, wenn erneut Anstrengungen unternommen werden, die Person und das Denken Maritains einer breiteren Öffentlichkeit bekannt zu machen und seine Aktualität für heute zu verdeutlichen. Gerne habe ich deshalb gemeinsam mit dem Erzbischof von Freiburg, Dr. Oskar Saier, die Schirmherrschaft über die Ausstellung *Jacques Maritain. Kosmopolit des 20. Jahrhunderts* übernommen, die vom 3. November bis 1. Dezember 2000 in Karlsruhe stattfand, und ich freue mich, dass die Vorträge, die auf den Begleitveranstaltungen der Ausstellung gehalten wurden, nun veröffentlicht werden.
Über lange Jahre bestand zwischen Jacques Maritain und dem Elsaß eine enge Verbindung. Regelmäßig hielten er und seine Frau

[4] Jacques Maritain, *Christlicher Humanismus. Politische und geistige Fragen einer neuen Christenheit*, Heidelberg 1950, 128.
[5] Hans Maier, *Kirche und Demokratie*, Freiburg 1979, 11 f.

sich auf dem Anwesen eines befreundeten Ehepaares in Kolbsheim auf. Hier suchte und fand Maritain Muße und Erholung. Hier fanden seit 1949 regelmäßig Treffen mit Freunden und Intellektuellen, die „Sessions de Kolbsheim", statt. In Kolbsheim sind Maritain und seine Frau begraben. Hier befindet sich schließlich das Archiv, das Maritains Nachlaß betreut.

So ist die Gestalt Jacques Maritains der Kirche am Oberrhein besonders nahe. – Ein Erbe, das es zu entdecken und im Leben unserer Ortskirchen fruchtbar zu machen gilt. Denn mit seinem wegweisenden Denken, aber auch mit dem Vorbild seiner lauteren Persönlichkeit und Lebensführung als christlicher Laie kann Jacques Maritain Orientierung und Hilfe geben in den vielfältigen Aufgaben der Mitgestaltung des öffentlichen Lebens, wie sie sich dem Christen in der Welt heute stellen.

Einblicke in Leben und Werk von Jacques Maritain

Benedikt Ritzler

1. Einleitung

Gut 30 Jahre ist es her, dass aus dem Vatikan ein Telegramm mit folgendem Inhalt nach Toulouse abgeschickt wurde:

> Lange Jahre haben Sie die Kirche und die heutige Welt durch die Ausstrahlung Ihrer Gedanken geprägt. Diese waren stets im christlichen Glauben verwurzelt, blieben aber zugleich den intellektuellen und moralischen Forderungen der neuen Generationen gegenüber offen. Doch von nun an möchten Sie den Rest Ihres Lebens der Nachahmung des Mysteriums Jesu von Nazareth widmen und in die Fußstapfen Pater Foucaulds treten. Dieses bewegende Zeugnis wird für unsere Zeit ein weiteres und für sich selbst sprechendes Zeugnis der Weisheit sein, für das wir Sie von ganzem Herzen beglückwünschen. Mit unseren Wünschen zum Antritt Ihres Noviziats bei den Petits Frères de Jésus verbinden wir unseren apostolischen Segen.
>
> Gegeben zu Rom, am 1. Oktober 1970.
>
> Papst Paul VI.[1]

Diese Zeilen waren an Jacques Maritain gerichtet, der mit 78 Jahren um die Aufnahme in besagte Ordensgemeinschaft bat. Sein Leben und Werk stehen im Mittelpunkt dieses Beitrags. Wer war dieser Mann, der heute in Deutschland nur einigen Fachleuten bekannt war und auch im Ausland nur in bestimmten Kreisen diskutiert wird? Gegenwärtig liegen im deutschen Sprachraum gerade einmal zwei

[1] *Cahiers Jacques Maritain* 4/5 (1982) 59. Telegramm von Paul VI. an J. Maritain.

Maritain und Paul VI. (1897–1978)

Arbeiten über ihn vor: eine kürzere von P. Nickl[2] sowie die Dissertation des Verfassers[3] . Ziel der folgenden Ausführungen ist es, einen ersten Überblick über Maritains Leben und Wirken zu verschaffen, was an dieser Stelle allerdings nur fragmentarisch geschehen kann.

2. Die Phasen von Maritains Denken und Leben

a) Die unruhige „vorthomistische" Zeit der Maritains

Jacques Maritain wurde am 18. November 1882 in Paris geboren. Er stammte aus einer wohlhabenden Familie und wurde stark

[2] P. Nickl, *Jacques Maritain. Eine Einführung in Leben und Werk*, Paderborn 1992.
[3] B. Ritzler, *Freiheit in der Umarmung des ewig Liebenden. Die historische Entwicklung des Personverständnisses bei Jacques Maritain*, Bern 2000.

von seiner Mutter geprägt. Sein Vater, ein mittelmäßiger Advokat, überließ die Erziehung vor allem seiner Frau. Diese war die Tochter von Jules Favre, einem der Gründerväter der laizistischen französischen Dritten Republik. Sie erzog ihren Sohn in einer Atmosphäre, die vom liberalen Protestantismus und Rationalismus ebenso bestimmt war wie von einem wachen Interesse für Kunst und Kultur. Allerdings konnte sein areligiöses Elternhaus Maritains geistigen Hunger nach einem objektiven Sinn des Lebens nicht stillen, und auch die Philosophie-Studien an der Sorbonne, die er 1900 aufnahm, enttäuschten ihn diesbezüglich.
Doch bescherten sie ihm zumindest die Begegnung mit einer Frau, die sein Leben nachhaltig prägte. Sie sollte fortan sein ganzes Wesen und Denken mit ihrer Liebe, ihren Inspirationen und ihrem Gebet bereichern. Jahre später schrieb sie in ihr Tagebuch: „Alles, was sich im Werk von Jacques findet, haben wir zuvor selbst durchlebt und erfahren – Fragen der Kunst und der Moral, der Philosophie und des Glaubens, des Gebetes und der Kontemplation."[4]
Die Rede ist von Raïssa Oumançoff, einer jüdischen Exilrussin, die ebenso wie Jacques von der Sehnsucht nach dem Absoluten und der Wahrheit erfüllt war. Ihr Mann schrieb Jahre später über sie:

> Das Allerbeste, was mir während meiner Studienzeit widerfahren ist, ist die Tatsache, dass ich meine Frau dabei kennen lernte. Seit jener Zeit genieße ich das Glück, sie immer bei mir zu haben und trotz aller Arbeit in einer wunderbaren Harmonie mit ihr zu leben.[5]

Und ergänzend dazu lesen wir in seinen Tagebuchblättern:

> Die Hilfe und die Inspiration meiner vielgeliebten Raïssa haben mein ganzes Leben wie auch mein ganzes Werk durchdrungen.

---

[4] R. Maritain, *Journal de Raïssa*, ŒC Bd. XV, 369. (Die ff. Angaben zu den Büchern der Maritains beziehen sich auf die Gesamtausgabe Jacques et Raïssa Maritain, *Œuvres Complètes* [abgek. ŒC], Bd. I-XVI, Fribourg – Paris 1981-1999.)

[5] J. Maritain, *Le Philosophe dans la cité*, ŒC Bd. XI, 27.

Raïssa Maritain (1883–1960)

Wenn es etwas Gutes in den Dingen gibt, die ich geschrieben habe, dann verdanke ich es – nach dem lieben Gott – ihr allein. Die Ausstrahlung ihrer Liebe und der reine Eifer ihrer Weisheit, ihre innere Stärke wie auch ihr herausragender Sinn für Wahrheit und Gerechtigkeit, der Segen Gottes, der auf ihrem Gebet wie auch auf ihrem Leiden ruhte, haben meine Tage erleuchtet.[6]

[6] J. Maritain, *Carnet de notes*, ŒC Bd. XII, 131.

Beide lernten sich an der Sorbonne im Wintersemester des Jahres 1900 kennen. Dort erlebten sie auf ihrer Suche nach bleibendem Sinn eine herbe Enttäuschung. In einem Klima des Positivismus und des Materialismus fassten sie gemeinsam im Sommer 1901 den Entschluss, nur noch ein Jahr lang nach dem Sinn des Lebens zu suchen; andernfalls würden sie ihrem Leben von eigener Hand ein Ende bereiten. Lieber wollten sie sterben als in einer sinn- und ziellosen Welt noch länger zu existieren.
In ihrer Suche stießen sie im Winter des Jahres 1901 auf die Philosophie Henri Bergsons. Er bestätigte ihnen zumindest die Existenz des Absoluten und versuchte mit seiner „Intuition der Dauer" die Metaphysik neu zu etablieren. In seinen Vorlesungen offenbarte er seinen vom Agnostizismus und Materialismus gepeinigten Zuhörern den Wert und die Würde der Metaphysik. Er war es, so erinnerte sich Maritain, der „denen, die von einem pseudowissenschaftlichen Relativismus deprimiert waren, mit einem unvergesslichen Tonfall sagte: ‚Im Absoluten sind wir, bewegen wir uns und leben wir.' Das reichte aus, um in ihnen die metaphysische Sehnsucht, den metaphysischen Eros zu wecken." Allerdings bemerkte Maritain auch:

> Bergson hat uns diese Metaphysik nicht gegeben, er hatte nie die Absicht, das zu tun. Und für viele von uns war das eine herbe Enttäuschung, er erschien uns wie ein Versprechen, auf das wir uns verlassen hatten, das aber nicht eingelöst wurde.[7]

So wandte sich Maritain von seinem geistigen Lehrer ab und kritisierte ihn in seinem ersten Werk (*La Philosophie bergsonienne*) sehr heftig; allerdings reute ihn später sein jugendliches Ungestüm, und es kam 15 Jahre später wieder zu einer Annäherung.
Trotz aller Kritik verleugnete Bergson die Hochachtung nicht, die er für seinen Meisterschüler empfand. Auf die Frage eines Journalisten, was er von J. Maritain halte, antwortete er:

> Ein Fall von unangenehmer Undankbarkeit, aber ich habe nichts gegen ihn, gerade wegen unserer ehemaligen hervorragenden Beziehung. Darüber hinaus schreibt er gut, was sehr selten ist.

[7] J. Maritain, *La Philosophie bergsonienne*, ŒC Bd. I, 496.

> Dass er einige Seiten gegen mich geschrieben hat, hindert mich nicht daran, sie zu genießen. Ich hatte unter meinen intelligenten Gegnern weit weniger zu leiden als unter meinen extravaganten Schülern. Zudem würde ich Herrn Maritain nicht als einen Gegner, sondern eher als einen unabhängigen Kritiker bezeichnen. Dieser junge Philosoph hat einen scharfen Verstand, sehr standhaft und durchdringend, und was noch seltener ist bei einem Philosophen, er ist ein Meister im Schreiben.[8]

Ein erster Ausweg aus ihrem Dilemma bahnte sich für die beiden „Pilger des Absoluten"[9] ab 1905 durch die enge Freundschaft mit Léon Bloy an, der mit seinem beeindruckenden Werk *La Femme Pauvre* die Neugier des mittlerweile verheirateten Paares geweckt hatte. Das erste Treffen mit Bloy prägte sich Jacques und Raïssa unauslöschlich ein. Sie schrieben:

> Am 25. Juni 1905 stiegen zwei zwanzigjährige Kinder die ewige Treppe hinauf, die zu Sacré-Cœur führt. Ihnen haftete jene Verzweiflung an, die das einzige ernsthafte Produkt der modernen Kultur ist, sowie eine Art aktiver Hoffnungslosigkeit, die nur erhellt war (ohne dass sie wussten warum) durch die innere Sicherheit, eines Tages die Wahrheit zu finden. [...] Sie gingen zu einem merkwürdigen Bettler, der alle Philosophien verachtete und von den Dächern die göttliche Wahrheit verkündete. Als strenggläubiger Katholik verdammte er seine Zeit sowie all jene, die ihren Trost hier unten finden. Sie hatten schreckliche Angst vor dem, was ihnen begegnen würde. Sie trugen keinen Hauch von Neugierde in sich, aber das reinste Gefühl, das die Seele mit Schwere erfüllt: Mitgefühl für die Größe vorbehaltloser Hingabe. [...] Kaum hatten sie die Schwelle seines Hauses überschritten, wurden alle ihre bisherigen Werte wie durch einen unsichtbaren Schalter auf den Kopf gestellt. Man wusste oder erriet, dass es nur eine Traurigkeit gab, nämlich die, kein Heiliger zu sein.[10]

---

[8] *Cahiers Jacques Maritain* 4/5 (1982) 39.

[9] B. Ritzler, *Freiheit in der Umarmung* 527. Vgl. dazu die Hommage der Maritains an ihren Paten mit dem Werk J. and R. Maritain (Hrsg.), *Léon Bloy – Pilgrim of the Absolute*, New York 1947. Dort heißt es u.a. (*ebd.* 350) „Nothing is true save what is Absolute."

[10] J. Maritain, *Quelques pages sur Léon Bloy*, ŒC Bd. III, 1021-1023.

Durch Bloy gewannen die beiden Suchenden Zugang zum katholischen Glauben, so dass sie schließlich zusammen mit Raïssas Schwester Véra am 11. Juni 1906 konvertierten. Alle drei widmeten sich mit Eifer dem spirituellen Leben und legten in den folgenden beiden Jahren in Heidelberg, wo Jacques ein Stipendium für ein Biologiestudium erhalten hatte, die Grundlage zu einem fast monastischen Lebensstil. Der strenge Tagesablauf lässt erahnen, mit welchem Eifer und welcher Ernsthaftigkeit sie ihren Glauben lebten:[11]

6.00 Uhr:	Aufstehen.
7.15 Uhr:	Messe mit Kommunionempfang [für damalige Verhältnisse sehr oft], anschl. Frühstück.
8.30–11.30 Uhr:	Studium, v.a. Biologie, während Raïssa und Véra die Hausarbeit verrichten und im Wechsel lesen, meditieren oder Harmonium üben.
11.30–12.15 Uhr:	Betrachtung, anschl. Mittagessen.
14.00–17.00 Uhr:	Verschiedene Studien: Latein, Deutsch [Maritains erste Fremdsprache], diverse Autoren.
17.00–18.00 Uhr:	Anbetung vor dem Allerheiligsten.
18.30 Uhr:	Abendessen, anschl. Austausch und Konversation.
Gegen 20.00 Uhr:	Komplet und Rosenkranz, bevor Raïssa und Véra zu Bett gehen.
21.00–22.00 Uhr:	Studium, bes. Biologie.
22.00–23.00 Uhr:	Studium der Dogmatik.

Ihrer tiefen Spiritualität verliehen die drei auch nach außen hin Ausdruck durch ihre Aufnahme in den Stand der Oblaten des hl. Benedikt am 29. September 1912. Dazu kam drei Tage später das Gelübde der Keuschheit, das Jacques und Raïssa nach langen Beratungen mit P. Clérissac und vorausgegangener einjähriger Probezeit ablegten. Dies geschah „nicht aus Verachtung für die menschliche Natur", sondern „um im Wettlauf nach dem Absoluten, das wir unbedingt erreichen wollten [...] freie Bahn zu haben für die Kontemplation und die Vereinigung mit Gott. Um dieser kostbaren

11 J. Maritain, *Carnet de notes* 179f.

Léon Bloy (1846–1917)

Perle wegen wollten wir in sich höchst wertvolle Güter verkaufen."[12] Diese persönliche geistliche Wende ging einher mit einer weiteren entscheidenden Umorientierung, die eine neue Phase in Maritains Denken einleitete.

b) Maritains konzeptualistische Phase unter dem Primat der Wahrheit

Maritains zweite Phase begann, als er sich von der Begeisterung seiner Frau anstecken ließ und ab dem Herbst 1910 die Werke des hl. Thomas von Aquin für sich entdeckte. Auf diesem Weg wurde ihm die Engführung von Bergsons Philosophie immer klarer, was zur Veröffentlichung seines ersten Buches, *La Philosophie bergsonienne* im Jahre 1914 führte. Seit 1909 hatten sie sich in der Nähe von Versailles niedergelassen und ihre Interessen auf rein spekulative und religiöse Fragen gerichtet. Dies war u.a. durch die Mithilfe von Raïssas Schwester Véra möglich, die seit 1906 den guten Geist des maritainschen Haushalts verkörperte.

[12] R. Mougel, „A propos du mariage des Maritain: Leur vœu de 1912 et leurs témoignages", *Cahiers Jacques Maritain* 22 (1991) 10. Mougels umfangreicher Artikel macht nicht nur die Beweggründe des „amour fou pour Dieu" der Maritains verständlich, sondern eröffnet auch eine theologische Deutung des ungewöhnlichen Schrittes im Sinne einer „außergewöhnlichen ‚Verklärung' menschlicher Liebe in die Liebe zu Gott" (44).

Kennzeichnend für diese Zeit war nicht nur der große spirituelle Eifer von Jacques, sondern auch sein völliges Aufgehen im Universum der Ideen, was eine gewisse Weltfremdheit mit sich brachte. Denn neben den Oumançoff-Schwestern interessierten ihn, wie er schreibt, „die anderen zu jener Zeit viel weniger als die Ideen. Ärgerlich [für jemanden wie mich], für den es nur eine Welt von wahr oder falsch gab. Ich habe einige Zeit gebraucht, um die Menschen zu entdecken."[13] Und seine Frau schrieb über jene Zeit:

> Damals hatte Jacques nichts als die Metaphysik und philosophische Ideen im Kopf. Er bewegte sich zwischen den Leuten, ohne sie recht anzusehen. Sicher respektierte er die Menschen. Aber für ihn waren sie nur Träger von abstrakten Lehren, für die allein sein Geist sich begeistern konnte. Allmählich aber, dank der Kunst und der Dichtung, und dank seines geistlichen Lebens, wurden er und seine Philosophie immer humaner.[14]

Einen wichtigen Beitrag zu diesem Wandel leistete auch die enge Freundschaft mit dem Maler Georges Rouault. Als er sich ganz in der Nähe der Maritains niederließ, wurden die Freundschaft wie auch der geistige Austausch noch intensiver. Raïssa schrieb dazu:

> Mit Rouault begegnete uns zum ersten Mal ein echter und großer Künstler. Durch ihn haben wir in concreto das Wesen der Kunst, ihre kompromisslosen Bedürfnisse, ihre Antinomien und den manchmal sogar tragischen Konflikt mit reellen Pflichten erlebt, der sich im Geist eines Künstlers abspielen kann. War Rouault anfangs auch unsicher wegen unserer Reaktionen, so schenkte er uns doch bald sein Vertrauen, vor allem als er die tiefe Ehrlichkeit unserer Begeisterung und Gefühle spürte. So konnten wir viele seiner Zeichnungen und Malereien bewundern, noch bevor sie auf den Ausstellungen zu sehen waren.[15]

---

[13] J. Maritain, *Carnet de notes* 202 (Ergänzung [wohl von 1954] zum Eintrag vom 12.2.1909).
[14] R. Maritain, *Les Grandes Amitiés*, ŒC Bd. XIV, 1036.
[15] J.-L. Barré, *Jacques et Raïssa Maritain. Les Mendiants du Ciel*, Paris 1996, 152.

Georges Rouault (1871–1958)

Jacques hingegen bewunderte an diesem Künstler etwas, das Jahre später in sein Meisterwerk *L'Intuition créatrice* einfließen sollte:

> Was mich an diesem Menschen so beeindruckt, ist eine Freiheit im Umgang mit der Wirklichkeit und eine unmittelbare Wahrnehmung der Dinge, welche durch nichts zu ersetzen ist. Je größer ein Künstler ist, je mehr er auswählt, desto mehr lässt er beiseite. Aber um so mehr wird sich auch das Gesehene und Geliebte mit Macht ihm auferlegen, so als ob es höchst real wäre. [...] Ohne es zu wissen, konfrontierte Rouault mich als jungen Philosophen, seinen begeisterten Bewunderer, allein durch seine Person mit allen großen Problemen und Herausforderungen, die die Kunst betreffen. In ihm war der Künstler selbst durchdrungen von den Anforderungen des Absoluten und von den Ansprüchen seines Glaubens, der so einfach und tief war wie derjenige, der die Erbauer der Kathedralen erfüllte.[16]

[16] *Ebd.* 154f.

Ein weiterer enger Freund und Vertrauter in allen Lebenslagen sollte Charles Journet sein. Ihn lernten die Maritains bereits im Sommer 1922 in der Schweiz kennen und schätzen. Bereits zwei Jahre zuvor hatte Journet Jacques geschrieben: „Schon seit langer Zeit liebe ich Ihre Schriften. Dies liegt an der Liebe zur Wahrheit, die mir darin begegnet, wie auch an dieser übernatürlichen Weisheit, von der Sie so trefflich reden."[17] Raïssas Schwester Véra skizziert Journet mit folgenden Worten:

> Er hat die zarten Züge eines Lammes mit blauen Augen, das Äußere eines sanften Asketen, ein liebenswürdiges und wohlwollendes Lächeln, eine tiefe und ruhige Stimme. Ihm ist nicht nur eine kontemplative Seele, sondern auch der über jeden Verdacht erhabene Eifer eines Gottesstreiters gegeben. Er ist ein Freund der Armen und der Künstler, von untrüglichem pädagogischem Instinkt, Hirte im eigentlichen Sinn des Wortes.[18]

Charles Kardinal Journet (1891–1975)

---

[17] P. Mamie – G. Cottier (Hrsg.), *Correspondance Journet – Maritain*, 1920–1929, Bd. 1, Fribourg – Paris 1995, 38.

[18] N. P. Ghiglia, *I tre Maritain. La presenza di Véra nel mondo di Jacques et Raïssa*, Milano 2000, 58.

In diese Zeit von 1910 bis etwa 1928 fällt auch die unglückliche und wohl recht blauäugige Verbindung Maritains mit der Action Française. Zwar war er selbst nie Mitglied dieser antidemokratischen Organisation, und ernst nehmen konnten weder Jacques noch Raïssa „die monarchische Restauration, die Maurras anpries und von der Père Clérissac so schwärmte“[19]. Doch wie ihr geistlicher Begleiter, Père Clérissac, wohl zuvor Maritain veranlasst hatte, sich von Bergsons Philosophie entschieden zu distanzieren, so konnte er zunächst Maritains Sympathie für die Action Française gewinnen. Da aber Maritain seine politische Phase mit der Konversion für beendet hielt, blieb es bei einer halbherzigen und unkritischen Position, was er sich später nur schwer verzeihen konnte. Er warf sich vor, nicht genügend zwischen der geistlichen Begleitung und der politischen Privatmeinung seines väterlichen Freundes unterschieden zu haben.[20]
So richtete Jacques in dieser Zeit seine ganze Sorge auf die theoretische Philosophie. Dabei ging es ihm besonders um die Überwindung von Idealismus und Materialismus durch einen kritischen Realismus.[21] Aus diesem Grund war Maritains Thomismus zunächst sehr stark auf die Erkenntnistheorie konzentriert, um, wie er sagte, dem Intellekt seine Würde und wahre Größe wieder zurückzugeben. So lässt sich diese Phase von Maritains Denken umschreiben als eine Zeit, die unter dem „Primat der Wahrheit“ stand.
Jedoch erst die Verurteilung der Action Française von Seiten Roms bewirkte in Maritain ein Innehalten. Sie öffnete seinen Horizont für die Herausforderungen der Moderne. Persönlich glich er bis dahin wohl eher einem weltfremden Schöngeist als einem weltoffenen Denker. Dies sollte sich allerdings radikal ändern, als er im Dialog mit den vielfältigen Ausdrucksformen der Neuzeit auch seinen philosophischen Hintergrund entfaltete und vertiefte.

[19] R. Maritain, *Les Grandes Amitiés* 975.
[20] Vgl. *ebd.* 976: „Er [Maritain] machte sich Vorwürfe, passiv einen Einfluss und eine Richtung akzeptiert zu haben, die in dieser Hinsicht außerhalb des geistlichen Rahmens lag, und dass er nicht damals schon eine ernste Untersuchung der religiösen und politischen Überzeugungen von Maurras vorgenommen hatte.“ Ansonsten wäre Maritain wohl leicht darauf gestoßen, dass dieser bereits 1922 schrieb (Ch. Maurras, *Œuvres capitales. Essais politiques*, Paris 1973, 33): „Die Väter der Revolution sitzen in Genf, in Wittenberg, früher noch in Jerusalem.“
[21] Vgl. B. Ritzler, *Freiheit in der Umarmung*, bes. 51-79; 167-196.

c) Maritains Wende zum Primat der Freiheit

Maritains weiterer Werdegang entspricht einem Wechsel vom Primat der Wahrheit zum Primat der Freiheit, der sich in der Zeit um 1930 vollzieht. Nach dem Ablösungsprozess von den vereinnahmenden restaurativen Kräften wollte er sich nicht mehr allein auf spekulative Fragen der Metaphysik beschränken. Ihm lag daran, mit der profanen und pluralistischen Gesellschaft in einen konstruktiven Dialog zu treten. Maritain bezeichnete diese allmähliche Evolution seines Denkens gut 25 Jahre später als „einen substantiellen Wandel seiner politischen Philosophie"[22]. Sie ließ ihn von der Theorie der monarchischen Restauration zu einem konsequent demokratischen Denken und zur politischen Globalisierung übergehen.
Diese Wende Maritains wird auch anderweitig sichtbar. Bis zur Krise Ende 1926 wurde er allgemein der extremen Rechten zugeordnet und in Frankreich als Anführer einer neuthomistischen Strömung angesehen. Hatte er doch 1922 in *Antimoderne* offen bekannt: „Wir kämpfen nicht für die Verteidigung oder die Aufrechterhaltung der gegenwärtigen sozialen und politischen ‚Ordnung'. Wir kämpfen für [...] die Verwirklichung einer neuen Ordnung, welche die gegenwärtige Unordnung [d.h. die Demokratie (!), B.R.] ersetzen muss."[23]
Jedoch vergingen nur gut sieben Jahre, bis sich Maritain für das politisch linke Spektrum engagierte. Er unterstützte nicht nur den Aufbau der liberalkatholischen Zeitschrift *Sept*, sondern wurde auch freier Mitarbeiter der 1935 entstehenden linken Wochenzeitung *Vendredi*, die sich rühmte, die bekanntesten Köpfe der Linken zu vereinen. So musste Maritain bei einem Vortrag, den er im Oktober 1936 in Buenos Aires hielt, gleich mehrere Gerüchte dementieren. Ihm wurde unterstellt, er sei vom Erzbischof von Paris exkommuniziert worden; darüber hinaus sei er Anhänger der sozialistischen Volksfront geworden und habe auf einer ihrer Kundgebungen die Faust zum Gruß erhoben.

---

[22] Vgl. G. Prouvost, „Les deux Maritain. Situation politique de thomisme de Jacques Maritain", V. Possenti (Hrsg.), *Jacques Maritain e la filosofia dell'essere*, Venezia 1996, 154.

[23] J. Maritain, *Antimoderne*, ŒC Bd. II, 1095. Vgl. auch J.-L. Barré, *Les Mendiants* 341.

Auch der nach Paris emigrierte russische Denker Nicolas Berdiaev erinnert sich an Maritains Wandel. Er war mit den Maritains gut befreundet und nahm regelmäßig an den für damalige Verhältnisse bereits sehr fortschrittlichen interreligiösen Gesprächen in Meudon teil, zu denen vor allem die in Paris lebenden Exilrussen und Spezialisten für fernöstliche Kulturen zusammenkamen. Wegen der häufig sehr kontrovers diskutierten Themen nannte Raïssa diese Treffen schließlich „esoterische Studien". Zu Maritains Umschwung schreibt Berdiaev:

> Maritain war der erste, der den Thomismus in die Kultur einbrachte. Im Lauf der langen Jahre unserer Freundschaft hat sich M. sehr verändert, aber er bleibt Thomist, insofern er die neuen Probleme dem Thomismus anpasst und den Thomismus den neuen Problemen. Im Grunde genommen ist er ein Modernist mit thomistischen Zügen. Als ich ihn kennen lernte, war er ‚rechts'; am Ende seiner Entwicklung stand er ‚links' und galt als Chef extremistischer Tendenzen des französischen Katholizismus.[24]

Nicolas Berdiaev (1874–1948)

[24] *Cahiers Jacques Maritain* 4/5 (1982) 48.

Hatte sich Maritain in dem bei Versailles liegenden Meudon anfangs nur spärlich mit der Welt und den Vertretern der Literatur befasst, so weiteten sich doch sein Horizont und seine Beziehungen beständig. So prägten ab dem Ende der zwanziger Jahre philosophische und politische, kulturelle und künstlerische, interreligiöse und spirituelle Themen den intensiven Austausch in seinem Haus. Diese Vielseitigkeit hinterließ freilich auch in Maritains Werken ihre Spuren, so dass man auch im Ausland immer mehr auf diesen unkonventionellen Philosophen aufmerksam wurde.
Mit der Veröffentlichung von *Les Degrés du Savoir* stieg Maritains Bekanntheitsgrad weiter an. In diesem Werk stellt er die innere Verbindung der einzelnen Abstraktionsstufen dar, er geht also von der Naturwissenschaft zur Mathematik, von dort zur Metaphysik und gelangt von ihr aus zur Mystik. Bereits 1933 wurde er zu ersten Gastvorlesungen nach Toronto und Chicago eingeladen. Zwar war er schon Mitte der zwanziger Jahre europaweit unterwegs (auch in Köln, Konstanz und in Salzburg hielt er Vorträge), doch folgte er mittlerweile seiner ihm eigenen Berufung und suchte den Dialog mit der Moderne. Von daher warnte er vor der Gefahr, „sich an Bruchstücke des Vergangenen zu verlieren und, eingelullt in süße Erinnerungen, auf dem Kissen der Vergangenheit zu ruhen und mit einer gewissen Verachtung die aktuellen Herausforderungen von sich zu weisen"[25].
Maritain spürte trotz seines Alters (1932 feierte er seinen 50. Geburtstag) die drängende Notwendigkeit, neue Schritte zu wagen und in seinem Schaffen und Denken Neuland zu betreten. Diese Einsicht führte zu einer wohl überfälligen systematischen Auseinandersetzung mit der praktischen Philosophie sowie der damit zusammenhängenden praktischen Erkenntnis und der Ethik. So mündete diese Phase der Neuorientierung schließlich 1936 in die Präsentation seines Werkes *Humanisme intégral.*[26] Philosophisch wurde dieser Wandel aber bereits in den 1934 erscheinenden *Sept leçons sur l'être* sichtbar. Darin ließ er ein zunehmend existentialistisches Verständnis des Thomismus erkennen, eine weitere philo-

[25] J. Maritain, *Religion et culture*, ŒC Bd. II, 237.
[26] Dieses Werk erlebte in Deutschland immerhin eine zweite Übersetzung nach dem Krieg und im Sommer 2000 in Frankreich eine Neuauflage.

sophische Frucht dieser ersten Jahre unter dem Primat der Freiheit. In dieser Phase rang Maritain noch mit dem neuscholastischen Erbe, aber zunehmend führte ihn vor allem der Dialog mit der Kunst und dem Phänomen der natürlichen Mystik zu einer philosophischen Neuorientierung, die schließlich in einen konsequenten Personalismus münden wird.
In diese Periode fällt auch die interessante Begegnung mit Edith Stein. In einem Brief vom April 1936 teilt sie Maritain mit, dass sie für die Reihe „Christliches Denken" ihr Werk *Endliches und ewiges Sein*[27] vorbereite. „Dafür waren mir Ihre Gedanken natürlich sehr wichtig", schreibt sie, „und ich bin sehr froh, dass wir in der Grundauffassung

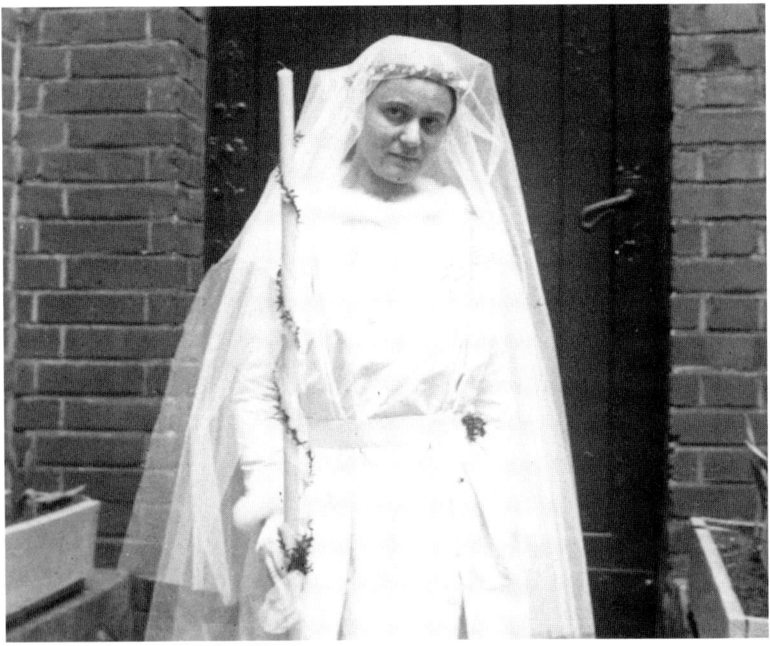

Hl. Edith Stein / Teresia Benedicta vom Kreuz (1891–1942)

[27] E. Stein, *Endliches und ewiges Sein. Versuch eines Aufstiegs zum Sinn des Seins*, Salzburg 1936. Darin knüpft sie ausdrücklich an Maritains Idee einer *christlichen* Philosophie an (vgl. *ebd.* 13. 20-25).

doch übereinstimmen"[28]. Zu ihrer ersten und einzigen Begegnung im Haus der Maritains in Meudon war es bereits am 14. September 1932 gekommen; und wie Maritain beim Empfang des Edith-Stein-Preises für sich und seine bereits verstorbene Frau 1961 erwähnte, war ihnen beiden dieses Treffen unvergesslich geblieben:

> Raïssa und ich haben niemals diesen Besuch vergessen, weder das Feuer noch die geistige Klarheit und Schärfe, welche vom Antlitz Edith Steins ausgingen. Wir hatten sie sofort in unsere Herzen geschlossen. Und gut zwölf Jahre später, als die Welt von dem Massaker der Juden durch die Knechte des Teufels erfuhr, empfanden wir die Nachricht ihres Todes – ihres Martyriums – wie einen persönlichen Trauerfall. Möge sie uns alle segnen.[29]

Maritains Tätigkeit als Gastprofessor in den USA nahm schließlich einen solchen Umfang an, dass er (auch aufgrund der Kriegswirren) zusammen mit Raïssa und Véra seinen Wohnsitz 1940 nach New York verlegte.
Aus dieser Zeit stammt die schöne Anekdote über Marc Chagall, der auch zu Maritains unerschöpflichem Freundeskreis zählte. Auch Chagall war während des Krieges in die USA emigriert. Unvergesslich blieb sein Auftritt bei der Silvesterparty im Jahr 1943, zu der Maritain eingeladen hatte. Exakt um Mitternacht öffneten sich die Aufzugstüren und ein kleiner grauhaariger Mann tauchte auf. Mit freudestrahlendem Gesicht und funkelnden Augen hielt er Raïssa ein riesiges Blumenbouquet entgegen. Doch der Clou sollte erst noch kommen. Maritain erinnerte sich:

> Wie wir später feststellen durften, hatte ihm dieser Strauß als Vorlage für sein neuestes Bild gedient. Bis hin zu den Blütenblättern waren die roten Rosen identisch mit denen, die er gerade gemalt hatte. Darum seine Verspätung, darum auch seine schelmische Freude.[30]

---

[28] *Cahiers Jacques Maritain* 25 (1992) 38. Weitere Einzelheiten sowie die erhaltenen vier Briefe von Edith Stein bei R. Mougel, „Lettres d'Édith Stein aux Maritain", *ebd.* 31-44.
[29] J. Maritain, *Témoignages. À l'Edith Stein Guild*, ŒC Bd. XII, 1215.
[30] Archives Jacques Maritain, Kolbsheim.

Maritain mit Marc Chagall (1887–1985)

d) Der Primat der Person im Denken des späten Maritain

Noch bevor Maritain nach dem Krieg seine Vortragsreisen und Vorlesungen wieder aufnehmen konnte, wurde er von Charles de Gaulle gedrängt, das Amt des Botschafters am Heiligen Stuhl in Rom zu übernehmen. Wie sehr de Gaulle ihn schätzte, zeigt sein Brief vom 14. November 1966, in dem er Maritain zu seinem Spätwerk gratuliert. Er schreibt:

> ‚Der Bauer von der Garonne' ist eine Summa, ein Meilenstein. Mehr als zuvor bewundere ich den Weitblick und die Tiefe Ihres

Denkens, die Aussagekraft Ihrer Gefühle, den Eifer Ihres Glaubens. Dies um so mehr, als bei Ihnen Denken, Gefühle und Glaube von wunderbaren und beständig verfeinerten Wissenschaften und Erkenntnissen genährt werden. Und da ich deren Licht und Wärme erfahre, danke ich Ihnen aus tiefstem Herzen. Seien Sie meiner besten Wünsche, welche die ehrlichsten auf der Welt sind, versichert, und nehmen Sie, mein verehrter Meister, dieses Zeichen meiner treuen Bewunderung und meiner ergebenen Freundschaft an.

C. de Gaulle[31]

Maritain in Rom als Botschafter Frankreichs am Hl. Stuhl (1945–48)

So zogen Jacques, Raïssa und Véra nach Rom. Trotz seiner vielfältigen Aufgaben entfaltete Maritain in seiner römischen Zeit sein Denken weiter. Er verfasste in vielen Nachtschichten sein Meisterstück *Court traité*, in welchem er erstmals mit einer großen Systematik seinen expliziten Personalismus vorstellte.

[31] *Cahiers Jacques Maritain* 4/5 (1982) 58.

Da Maritain aber von den repräsentativen Verpflichtungen in Rom so stark eingeschränkt wurde, dass ihm kaum noch Zeit für weitere Studien und Vorträge blieb, bat er 1947 um seine Entlassung aus dem diplomatischen Dienst. Mit der Erlaubnis wurde ihm eine andere wichtige Aufgabe angetragen, nämlich die Leitung der französischen Delegation der UNESCO, welche in Mexiko tagte. Sie sollte die Vorlage für die internationale Menschenrechtserklärung erstellen. Maritain ragte unter den 37 Delegierten nicht nur wegen seiner klaren Vorstellungen heraus, sondern auch wegen seiner beeindruckenden Persönlichkeit. Ein Beobachter schrieb:

> Seine Aufrichtigkeit, seine Überzeugungskraft, seine Weitsicht und auch ein gewisses Charisma machten aus ihm eine der beherrschenden Persönlichkeiten der Konferenz. Auf seinen Namen hin kam es auch fast automatisch zu einem Konsens.[32]

Bereits 1942 hatte Maritain in einem Buch einen philosophisch fundierten Katalog von 26 Menschenrechten veröffentlicht.[33] Dazu gehörten u.a. das Recht auf persönliche Freiheit, Selbstbestimmung, freie Gestaltung des menschlichen, ethischen und religiösen Lebens, Kultfreiheit der Kirchen, Versammlungs- und Wahlfreiheit, Anspruch auf gerechte Entlohnung, freier Zugang zu Grundgütern wie Bildung, Kultur usw. Maritains Einfluss in Mexiko „kam schließlich darin zum Ausdruck, dass sich 22 der [26, B.R.] von ihm vorgeschlagenen Rechte in der Allgemeinen Erklärung der Menschenrechte wiederfanden, die die Vereinten Nationen am 10. Dezember 1948 verabschiedeten“[34]. So leistete Maritain einen entscheidenden Beitrag für die philosophische Begründung der Menschenrechte, womit auch der Personbegriff weiter zu einem universalen Begriff avancierte.
1948 kehrten die Maritains in die USA, ihre Wahlheimat, zurück. Indem Jacques den eigens für ihn eingerichteten Philosophielehrstuhl in Princeton annahm, bekam er zwei illustre Kollegen, nämlich Albert Einstein und Robert Oppenheimer. Von Princeton aus war es Maritain nun wieder möglich, sich ganz seinen Studien zu widmen

---

[32] R. Seydoux, „Jacques Maritain à Mexico“, *Cahiers Jacques Maritain* 10 (1984) 28.
[33] J. Maritain, *Les Droits de l'homme et la loi naturelle*, ŒC Bd. VII, 690f.
[34] L. Kühnhardt, *Die Universalität der Menschenrechte*, München 1987, 91f.

und seine Gedanken zum Existentialismus und Personalismus zu vertiefen. Seine Überlegungen ergänzte und stützte er durch die Untersuchung der kreativen Intuition oder Inspiration und der Rolle des Unbewussten. Daraus wurde ein weiteres Meisterwerk, das er 1953 unter dem Titel *L'Intuition créatrice* vorstellte. Darin beleuchtet er die Tätigkeit des Künstlers in psychologischer, ästhetischer, erkenntnistheoretischer und auch ontologischer Hinsicht. Der Lehrstuhl in Princeton ließ ihm für internationale Vorträge und Kongresse wie auch für eine Reihe weiterer Veröffentlichungen genügend Freiraum. In der Zeit zwischen seinem 68. und 78. Lebensjahr stand Jacques Maritain auf dem Höhepunkt seiner Karriere und genoss großes internationales Ansehen.
Einen radikalen Einschnitt erfuhr sein Wirken durch den Tod von Véra Silvester 1959 und seiner Frau Raïssa am 4. November 1960. Er war am Boden zerstört und wollte sich völlig zurückziehen. Er schrieb:

> Alles in mir ist zerbrochen oder zerrissen seit dem Blitzschlag, mit dem die letzte Krankheit Raïssas begann. Ich fühle mich wie ein alter geknickter Baum, der noch einige Wurzeln in der Erde hat, einige andere aber schon den Winden des Himmels hinhält.[35]

Im März 1961 ließ er sich in Toulouse nieder, wo er bis zu seinem Tod am 28. April 1973 bei den Kleinen Brüdern von Charles de Foucauld eine neue geistliche Heimat fand. In dieser Umgebung, in der er sich eigentlich nur ungestört auf das Sterben vorbereiten und im Gehorsam leben wollte, fand er die nötige Ruhe, um sich zu regenerieren. Er pendelte vor allem zwischen Kolbsheim und Toulouse hin und her und publizierte weitere wichtige Werke.
Seine bis ins hohe Alter ungebrochene Schaffenskraft ermöglichte ihm eine beständige Entfaltung seines personalistischen Denkens. Offizielle Anerkennung erntete er dafür u.a. bereits 1958 durch die Gründung eines Jacques-Maritain-Zentrums an der Notre Dame University in Indiana (USA). Ebenso wurde ihm im Juni 1961 der „Grand Prix de Littérature" und 1963 der „Grand Prix National

[35] J. Maritain, *Carnet de Notes* 127.

des Lettres" seitens der Académie Française verliehen. Doch mit dem ihm eigenen Humor verstand Maritain diese Ehrungen seiner Heimat nicht so sehr als Anerkennung seines Schaffens, sondern als „Preis für Langlebigkeit"[36].
Eine besondere Anerkennung und reiche Entschädigung für die vielfältigen Formen der Ablehnung und Verleumdung seines anspruchsvollen Denkens, die ihm zeitlebens nicht erspart blieben, wurde Maritain am 8. Dezember 1965 zuteil. Ihm fiel die ehrenvolle Aufgabe zu, die Botschaft des Papstes an die Welt der Geisteswissenschaften stellvertretend in Empfang nehmen zu dürfen. Paul VI., sein langjähriger Freund, hatte 1925 Maritains Werk *Trois Réformateurs* ins Italienische übersetzt und das Vorwort geschrieben; und er hat-

Maritain empfängt die Botschaft von Paul VI. an die Geisteswissenschaftler (8.12.1965)

[36] Brief von Maritain an J. Green (J.-P. Piriou [Hrsg.], *Julien Green et Jacques Maritain. Une grande Amitié*, Correspondance 1926-1972, Paris 1979, 127).

Frère Jacques bei den Petits Frères de Jésus in Toulouse (1970)

te mit Maritain während seiner römischen Jahre einen intensiven Austausch gepflegt. Der Papst unterstrich seine Anerkennung, indem er sich – gegen das Protokoll – erhob, um Maritain persönlich zu gratulieren. Er sprach ihm vor den Augen der Welt (und vor den laufenden Kameras) seine Anerkennung aus, indem er sagte: „Die Kirche dankt Ihnen für Ihr Lebenswerk."[37] An die weiteren Worte konnte sich der sichtlich gerührte Maritain später nicht mehr erinnern. So ist es auch nicht weiter verwunderlich, dass Paul VI. per Telegramm Maritain zu seinem offiziellen Eintritt ins Noviziat der Kleinen Brüder am 1. Oktober 1970 eigens gratulierte.[38]
War er vorher eher Gast gewesen, bat Maritain im hohen Alter von 87 Jahren formell um die Aufnahme ins Noviziat der Gemeinschaft der *Petits Frères* und wurde angenommen. Zu diesem ungewöhnlichen Anlass schrieb er in einem ernsten und zugleich humorvollen Brief an die Gemeinschaft:

> Liebe Petits Frères, der alte Jacques hat darum gebeten, bei den Petits Frères de Jésus einzutreten. Ich würde es sehr gut verstehen, wenn Ihr diese Nachricht mit lautem Gelächter aufnehmen

[37] J. L. Barré, *Les mendiants* 572.
[38] S.o. 21.

würdet. Dieser alte, kleine Mann der Philosophie, fast 88 Jahre alt, ist ungeniert dabei, die Altersgrenze zu überschreiten, die den Bewerbern vorgegeben ist (nicht älter als 35 Jahre). [...] Auf dass ich ein wenig Zeit als Petit Frère de Jésus verbringen und auch so sterben möge! Betet für mich.

J. Maritain[39]

Als Paul VI. am Samstag der Osteroktav 1973 die Botschaft vom Tod seines alten Freundes mitgeteilt wurde, war er sichtlich betroffen und konnte seine Tränen nicht zurückhalten. Tief ergriffen widmete er tags darauf die Hälfte der Regina-Caeli-Ansprache seinem Gedenken. Er nannte ihn „einen der großen Denker unserer Tage, einen Meister in der Kunst des Denkens, Lebens und Betens, der

Grab von Jacques und Raïssa Maritain in Kolbsheim

[39] Brief von Maritain an die Gemeinschaft der Petits Frères, Juli 1970, Archiv Jacques Maritain, Kolbsheim.

[40] Regina-Caeli-Ansprache von Paul VI. am 29. 4. 1973, V. Possenti (Hrsg.), *Jacques Maritain oggi*, Milano 1983, 25.

hoffentlich nicht nur in der Tradition des philosophischen Denkens seine Spuren hinterlassen wird."[40]
Beigesetzt wurde Maritain in Kolbsheim bei Straßburg neben seiner vielgeliebten Frau Raïssa. Auf dem Grabstein stehen nur die schlichten Worte:

> Raïssa Maritain
> et Jacques.

3. Maritain und die Erklärung der Menschenrechte

Wo sind nun Spuren von Maritains Denken zu finden, was ist seine bleibende Bedeutung in unseren Tagen? Im zweiten Teil dieses Beitrags sollen zwei Aspekte näher untersucht werden: Maritains Mitwirkung bei der Erklärung der Menschenrechte und die Weisheitsdimension seiner Philosophie.
Den Beitrag Maritains bei der Formulierung der Erklärung der Menschenrechte hat René Mougel, Direktor des Maritain-Archivs in Kolbsheim, klar herausgearbeitet. Auf seinen Artikel stützen sich größtenteils die folgenden Ausführungen.[41]
Die Grundlagen für seinen Beitrag legte Maritain in seinem Werk *Les Droits de l'Homme et la loi naturelle* aus dem Jahr 1942. Dieses Buch wollte – während der Krieg noch tobte – den Blick auf die Zeit danach richten und bereits Vorschläge für eine neue Ordnung bieten. Schwerpunkt ist dabei praktisches Denken, das sich um Kooperation und Toleranz zwischen den Völkern bemüht. Entscheidend ist bei Maritains Vorschlag, dass er nicht im Staatsrecht gründet, sondern seine Basis in der menschlichen Natur findet. Menschliche Natur meint dabei u. a., dass sie einer Ordnung folgt, die von ihrem Schöpfer in sie hineingelegt ist. Diese Ordnung beinhaltet gemeinsame moralische Werte, über die nicht verfügt werden kann (Unantastbarkeit des menschlichen Lebens, Schutz der körperlichen, geistigen und religiösen Freiheit usw.). Somit erteilte Maritain eine klare Absage an den Materialismus, der die menschliche Natur nur

[41] R. Mougel, „J. Maritain et la Déclaration universelle des droits de l'homme de 1948", *Cahiers Jacques Maritain* 37 (1998) 13-15.

als ein Zufallsprodukt und die menschlichen Werte nur als Ergebnis von Kultur und Geschichte betrachtet.
Wie kam es nun, dass Maritain die UN-Erklärung so sehr prägte? Um es klar zu sagen: Maritain hat nur an den Vorbereitungsarbeiten mitgewirkt, und zwar als Leiter der französischen Delegation bei den Versammlungen der UNESCO in Mexiko. Diese Arbeitsgruppe sollte ein Dossier erstellen und damit der UNO-Versammlung eine Diskussionsgrundlage schaffen. Wie bereits erwähnt, sind im Rahmen dieser Verhandlungen der UNESCO im Herbst 1947 von 26 Vorschlägen Maritains immerhin 22 in die Vorlage eingegangen. Darüber hinaus saß Maritain auf dem Rückflug von Mexiko nach Rom neben der Frau des amerikanischen Präsidenten Roosevelt. Sie war die Präsidentin des UNO-Komitees, das mit der Formulierung und Redaktion der Menschenrechtserklärung beauftragt war. Worüber die beiden gesprochen haben, und was Frau Roosevelt davon umgesetzt hat, bleibt Gegenstand von Vermutungen. Doch was Maritains Einfluss auf die Endredaktion betrifft, müssen wir uns nicht nur auf Spekulationen beschränken. René Cassin, der Hauptredaktor der Menschenrechtserklärung, bezog sich ausdrücklich auf das Dokument und die Vorschläge der UNESCO. Denn als Maritain knapp 20 Jahre später, am 21. April 1966, vor der UNESCO in Paris einen mit stürmischem Beifall bedachten Vortrag hielt, wies Cassin darauf hin, dass er „die Erklärung 1948 nach Maritains Wünschen redigiert hatte, und zwar im Geist eines umsetzbaren Idealismus"[42].
Damit wurden die transzendenten und metaphysischen Grundlagen des Menschen, seiner Natur und seiner Rechte festgeschrieben und zumindest eine theoretische Handhabe zum absoluten Schutz der Menschenwürde vorgelegt. Obwohl inzwischen mehr als ein halbes Jahrhundert verstrichen ist, geht die Diskussion um die Grundlagen der Menschenwürde auf verschiedenen Ebenen weiter. Inwieweit dabei auch neue Spielarten des Materialismus zum Vorschein kommen, und was Maritain ihnen entgegensetzt, soll in einem eigenen Abschnitt behandelt werden.

[42] *Ebd.* 15. „Idealismus" ist hier nicht im philosophischen Sinne zu verstehen. Vgl. dazu auch Maritains Überlegungen zu einer „umsetzbaren Ideologie" (*La Voie de la paix*, ŒC Bd. IX, 158-160).

4. Maritain – ein moderner Vertreter der Weisheitsphilosophie

Mehr als fünfzig Jahre sind mittlerweile vergangen, seit die Vertreter der Vereinten Nationen die Allgemeine Erklärung der Menschenrechte unterzeichneten. Damit wollten die beteiligten Völker ihren „Glauben an die menschlichen Grundrechte, an die Würde und den Wert der menschlichen Person und an die gleichen Rechte aller Männer und Frauen ausdrücken"[43] und diese als unverletzlich deklarieren. Diese heute selbstverständlich erscheinende Aussage stellt im Hinblick auf die Globalisierung eine bleibende Herausforderung dar. Nicht nur die praktische Umsetzung wirft immer wieder Fragen nach der Gültigkeit des Völkervertrags auf; auch die theoretischen Grundbegriffe sind längst nicht so klar, wie weithin angenommen wird. Zwar wird viel vom notwendigen Schutz der Menschenrechte und der unantastbaren Würde der Person gesprochen, doch was ist darunter zu verstehen? Kann die absolute Würde der menschlichen Person ausreichend geschützt werden, wenn der postmoderne Relativismus im Namen von Pluralismus und einer falsch verstandenen Toleranz auch einander widersprechende Wertesysteme bedenkenlos (oder eher gedankenlos?) nebeneinander stehen lässt? Bedarf es nicht eines Minimums an gemeinsamen Wertevorstellungen, um ein gerechtes und friedliches Miteinander der Menschen zu gewährleisten?
Zu Recht unterscheidet daher Norbert Geis zwischen allgemeingültigen objektiven Werten und den subjektiven Wertvorstellungen, die stets durch das Lebensgefühl einer Epoche, aber auch von den Medien beeinflusst und formuliert werden. Geis betont:

> Es gab immer einen Wandel von Wertvorstellungen. Die Werte selbst haben sich dadurch nicht geändert. [...] Findet die Politik nicht zu objektiven Werten, läuft sie Gefahr, zum Spielball von Wertvorstellungen zu werden, die gerade in Mode sind. [...] Dann haben die Meinungsmacher das Sagen, nicht aber die gewählten Mandatsträger. [...] Deshalb muss ein Weg gefunden werden, wie objektive, bleibende Werte in einer Gesellschaft

[43] United Nations, *The International Bill of Human Rights*, Hrsg. United Nations – Department of Public Information, New York 1985, 2.

vermittelt und in sie eingepflanzt werden können, damit der innere Kompass wieder stimmt.[44]

Die aktuelle Wertediskussion und das Ringen um die Akzeptanz objektiv gültiger Werte machen zudem deutlich, wie sehr moralische Grundvorstellungen von philosophischen Vorentscheidungen bestimmt werden. Für Ludger Honnefelder stellt sich die Problematik folgendermaßen dar:

> Wonach fragen wir überhaupt, wenn wir in ethischen Zusammenhängen die Frage stellen: Wer ist der Mensch? Hängt die Wahl der Ethik davon ab, welcher Metaphysik der Person man folgt, oder ist der Personstatus umgekehrt eine Frage des ethischen Standpunkts? Wie hängen Ethik und Metaphysik zusammen, und was bedeutet dies angesichts der unaufhebbaren Pluralität der Metaphysiken und der unüberwindbaren Verschiedenheit ethischer Standpunkte?[45]

Wie sehr anthropologische, philosophische, ethische und politische Positionen einander bestimmen, zeigt beispielsweise der Umgang mit ungeborenem Leben. In den achtziger Jahren wurde – gegen allen Tutiorismus – Abtreibung straffrei, indem von biologischer Seite her die Phase vor der Einnistung des Embryos von der nach der Einnistung in ihrer Schutzwürdigkeit unterschieden wurde. Im Zuge der Wiedervereinigung wurde Mitte der neunziger Jahre die Möglichkeit der straffreien Abtreibung eines Embryos (nach erfolgter Pflichtberatung) von zwei Wochen auf drei Monate ausgedehnt. Durch den medizinisch-technischen Fortschritt richtet sich das Interesse der Forschung mittlerweile stärker auf Embryonen in ihrem

---

44 N. Geis, „Auch die moderne Gesellschaft braucht den Wertekonsens", *Die Tagespost* 156 (29. 12. 2001) 17. Geis sieht ebenso eine andere Gefahr: „Die Richtungslosigkeit in einer Gesellschaft ist auch noch aus weiteren Aspekten sehr gefährlich. Sie führt in einer Gesellschaft dazu, dass sich die besten Kräfte abwenden. Weil sie für diese Gesellschaft und für sich selbst in dieser Gesellschaft keine Zukunft sehen, resignieren sie oder wandern sogar aus. Wichtige, leistungsfähige Persönlichkeiten gehen so der Gesellschaft verloren."

45 L. Honnefelder, „Der Streit um die Person in der Ethik", *Philosophisches Jahrbuch* 100 (1993) 247.

Anfangsstadium. Im Zusammenhang mit pränataler Diagnostik und Präimplantations-Diagnostik kommt es in großem Umfang zur Selektion behinderten Lebens bzw. ist damit zu rechnen. Die Unterscheidung zwischen Mensch und Person in Ethik und Rechtspolitik – in dem Sinne, dass ‚Personen' Menschen sind, die über eigene Interessen verfügen und sich dieser Interessen auch bewusst sind – soll eine Handhabe bieten, nicht ‚personalem' Leben, also etwa Ungeborenen oder Neugeborenen auch fundamentalste Rechte einschließlich des Rechtes auf Leben abzusprechen.[46] Wie sehr diese humanwissenschaftlichen Fragen aus ethisch-moralischer wie auch aus politischer Sicht einer Orientierung bedürfen, zeigt u.a. die Einrichtung des nationalen Ethikrats. Doch hat dieses Gremium aufgrund seines außerparlamentarischen Status und der Umstände und Hintergründe seines Zustandekommens seine eigene Problematik.
Welche Maßstäbe können demzufolge noch den Anspruch absoluter Gültigkeit erheben, gerade angesichts der genannten aktuellen Entscheidungsprozesse, deren Tragweite bislang nur erahnt werden kann? Welcher Bereich kann solche Maßstäbe aufstellen: Religion, Ethik, Metaphysik, Wirtschaft, Soziologie? Welche Rahmenbedingungen muss die Politik schaffen und welche Grundnormen hat sie zu akzeptieren? Gilt allein das demokratische Prinzip der Mehrheit für das, was gut und richtig ist, oder gibt es letzte Prinzipien und Wahrheiten, die unumstößlich sind? Dazu bemerkt Joseph Kardinal Ratzinger:

> Wir wollen nicht, dass der Staat uns eine bestimmte Idee des Guten aufdränge. Das Problem wird noch deutlicher, wenn wir den Begriff des Guten durch den Begriff der Wahrheit verdeutlichen.[47]

Ratzinger stellt fest, „dass der Begriff der Wahrheit in die Zone der Intoleranz und des Antidemokratischen gerückt ist. Sie [die Wahr-

---

[46] Vgl. zu dieser Frage die EU-Grundrechts-Charta 2000, in der alle Grundrechte (außer der „Menschenwürde") der „Person", nicht dem „Menschen" zugesprochen werden. Prominentester „geistiger Vater" dieses Denkens ist P. Singer; vgl. ders., *Praktische Ethik*, Stuttgart ^{2}1994, 115-176.

[47] J. Kardinal Ratzinger, *Wahrheit, Werte, Macht*, Frankfurt a.M. 1999, 67.

heit, B.R.] ist kein öffentliches, sondern nur ein privates Gut."[48] Er fährt fort:

> So ist es verständlich, dass der Relativismus als die eigentliche Garantie der Freiheit erscheint. [...] Trotzdem stellt sich bei näherem Zusehen die Frage, ob es nicht doch einen nichtrelativistischen Kern auch in der Demokratie geben müsse: Ist sie denn nicht letztlich um die Menschenrechte herumgebaut, die unverletzlich sind, so dass gerade ihre Gewährung und Sicherung der tiefste Grund ist, warum Demokratie als nötig erscheint? Die Menschenrechte unterliegen nicht ihrerseits dem Pluralismus- und dem Toleranzgebot, sie *sind* der Inhalt der Toleranz und der Freiheit.[49]

Allerdings geht es längst nicht mehr allein um die Frage nach den Grundwerten. Denn „das eigentliche Problem, vor dem wir heute stehen, ist die Blindheit der Vernunft für die ganze nicht-materielle Dimension der Wirklichkeit."[50] Was kann dazu beitragen, einen Weg aus diesem Hyperpluralismus zu finden, der mittlerweile selbstzerstörerische Tendenzen entwickelt?
In der Diskussion um die richtige Gewichtung von Fortschritt und Wahrung der Menschenrechte, Freiheit des einzelnen und Gemeinwohl bringt Maritain bereits vor 50 Jahren einen wichtigen Gedanken ins Spiel. Er sieht einen möglichen Ausweg aus der auch von Ratzinger beklagten „Blindheit" in der Wiederbelebung des Ideals der Weisheit. Weisheit bedeutet für ihn nicht eine Denkmethode, sondern die umfassende (im Sinne des französischen „intégral") und bewusste Ausrichtung der Menschen auf ihr höchstes Gut und letztes Ziel hin. In einem Memorandum aus dem Jahre 1949, kurz nach der Unterzeichnung der Allgemeinen Erklärung der Menschenrechte, äußert Maritain (mit anderen Gelehrten) seine tiefe Sorge um die abendländische Zivilisation. Er befürchtet ihren fortschreitenden geistigen Verfall „auf Grund des Verlustes der Idee der Weisheit. [...] Ohne Zweifel wird unsere Kultur seit langem vom Geist der Wis-

[48] *Ebd.* 67.
[49] *Ebd.* 68.
[50] *Ebd.* 84.

senschaftlichkeit beherrscht, der den Geschmack der geschaffenen Dinge sucht und dessen Vorstellung von Einheit und Fortschritt einem prometheischen Elan entspricht."[51]
Maritain wehrt sich gegen ein zielloses Fortschrittsverständnis, das „aus dem Ersetzen einer explikativen Theorie durch eine andere explikative Theorie besteht"[52]. Statt dessen fordert er „die endogene Entfaltung von solchen Theorien, die von gleichbleibenden Prinzipien ausgehen"[53]. Nur so wird „die Kontinuität eines organischen Wachstums"[54] ermöglicht und die Treue zu unaufgebbaren Grundwerten gewährleistet. Denn für ihn ist „das Wesentliche einer Kultur oder Zivilisation auf der Ebene der Ethik angesiedelt, weshalb es als solches von Natur aus unveränderlich und übertragbar ist im Sinne eines allgemeingültigen menschlichen Gutes [bonum humanum universale]. Darum überragt die Weisheit, insofern sie christlich ist, jede Zivilisation."[55]
Bereits im Jahre 1935 veröffentlichte Maritain das bemerkenswerte Buch *Science et Sagesse*. Darin weist er auf die wichtige Zusammenarbeit zwischen Wissenschaft, Moral und einer Philosophie der Kultur hin. Neben der Rolle der christlichen Philosophie betont er die Notwendigkeit einer Grundhaltung, die das Ganze im Blick behält. Dies ist für ihn die Weisheit. Sie schafft eine innere Einheit im Menschen, in der er erkennt, was gut und was böse ist. Sie führt zur wahren Freiheit und hält die Verbindung zum Göttlichen.[56]
Maritain sieht kein Problem darin, dass jede Kultur ihr eigenes Ideal von Weisheit herausgebildet hat, weshalb er einen gewissen Wettstreit der Weisheiten im Sinne eines gesunden Pluralismus durchaus begrüßt. Doch für dringender als den Dialog der Weisheiten hält er die Wiederbelebung der Weisheitstradition des Abendlandes im Sinne einer konstruktiven Zusammenarbeit mit den empirischen Wissenschaften.
Als unverzichtbar für die gegenseitige Annäherung erscheint ihm die Berücksichtigung der Ontologie, welche „die Mathematik und

[51] J. Maritain u.a., *Sagesse*, ŒC Bd. IX, 1137.
[52] *Ebd.* 1138.
[53] *Ebd.* 1138.
[54] *Ebd.* 1138.
[55] *Ebd.* 1139.
[56] Vgl. J. Maritain, *Science et Sagesse*, ŒC Bd. VI, 22.

die empirischen Wissenschaften vertrieben haben. Diese Wissenschaften sind (in Abgrenzung von der Philosophie) keine Weisheit, [...] sondern eine begriffliche Symbolisierung zur Rettung der sinnenfälligen Erscheinungen."[57]

> Es steht überhaupt nicht zur Debatte, zum Mittelalter zurückkehren oder die unermessliche und großartige Entwicklung der Wissenschaften der letzten Jahrhunderte bestreiten zu wollen. Im Gegenteil, die eigentliche Aufgabe unserer Zeit wird darin bestehen, Wissenschaft und Weisheit in einer lebendigen und geistigen Harmonie miteinander zu versöhnen. Laden die Wissenschaften nicht geradezu den Verstand dazu ein? Machen sie sich doch eben erst von den Überresten einer materialistischen Metaphysik frei, die ihr wahres Antlitz verbarg, und rufen nach einer Naturphilosophie. Zudem eröffnen die wunderbaren Erneuerungen der aktuellen Physik den Forschern den Sinn jenes Mysteriums, von dem Atom und Universum stammeln.[58]

Zu der Neuberücksichtigung der Ontologie muss nach Maritain auch eine erneuerte Erkenntnistheorie hinzukommen, die von einem kritischen Realismus ausgeht.[59] So wird gewährleistet, dass die verschiedenen und spezifischen Erkenntnisweisen angemessen berücksichtigt werden und „eigenen Erklärungsweisen entsprechen, die einander nicht ersetzen können"[60]. Zugleich werden die heterogenen Erkenntnisbereiche miteinander verbunden und reichen „von der simpelsten Laboratoriumsforschung bis zu den metaphysischen und theologischen Spekulationen, ja selbst bis zur übervernünftigen Erfahrung und der gnadenhaften Weisheit der Mystiker"[61].
Mit einem derartigen Weisheitsverständnis ist nach Maritain eine Ausgangsbasis geschaffen, die sämtliche Einzelwissenschaften dem Anspruch und der Gültigkeit objektiver Werte unterstellt. Damit sind der wissenschaftlichen Forschung gewisse Grenzen aufgewiesen, die bei allem Wandel der Wertvorstellungen den Schutz unauf-

[57] *Ebd.* 44.
[58] *Ebd.* 45.
[59] Vgl. *ebd.* 46.
[60] *Ebd.* 46.
[61] *Ebd.* 46.

gebbarer Werte gewährleistet. Dieser Wandel bezieht sich freilich auch auf philosophische Schulen und Denkrichtungen. Gerade im Wissen um die fortschreitende Entwicklung der Weisheit, ausgehend von unabdingbaren Prinzipien, weist Maritain darauf hin, dass für ihn der Ausgangspunkt die Lehre des hl. Thomas sei. Diese verfügt über eine „lebendige Offenheit für alle Formen von Zuwachs an Wahrheit im Menschen"[62]. Zugleich distanziert er sich von der Ansicht, „dass den Schülern des hl. Thomas das Recht zusteht, die Wege der Erfindungen zu schmähen, den fruchtbaren Eifer, den Beitrag zur Wahrheit von Denkern und Schulen, die unsere Prämissen nicht akzeptieren"[63].

> Wir glauben vielmehr, dass zwanzig Jahrhunderte in einem Klima christlicher Gnade die menschliche Vernunft in ihrer Wahrheitsfähigkeit bestätigt haben. Auf diese Weise gestärkt erweist sie sich als eminent fruchtbar: in dem Maße, in dem sie einer intellektuellen Tradition die Treue bewahrt, die durch ihre Weite und ihre Tiefe die unvergänglichen intellektuellen Schätze hob und aufarbeitete, welche durch die abendländische Zivilisation angesammelt wurden.[64]

Maritain begrüßt auch in seinem Werk *L'Homme et l'État* aus dem Jahr 1949 aufgrund seines offenen Thomismus einen geistigen Pluralismus, sofern die demokratische Grundsatzerklärung gewahrt bleibt. Freilich muss diese unverzichtbarer Bestandteil des Erziehungs- und Bildungswesens sein, denn „es reicht nicht aus, in den künftigen Bürgern Erkenntnisse und Wissen zu entfalten, die dem Ideal einer liberalen Erziehung für alle entsprechen; vielmehr müssen in ihnen auch die authentische und reflektierte Zustimmung zur demokratischen Magna Charta genährt werden, die für die Einheit der politischen Körperschaft unverzichtbar ist."[65]
Wo dieser „säkulare Glaube" an die demokratischen Grundwerte von Staat und Bildungswesen geschützt wird, dort kann es auch eine „Verschiedenheit oder Opposition unter den geistigen Tradi-

---

[62] *Ebd.* 1149.
[63] *Ebd.* 1149.
[64] *Ebd.* 1149.
[65] J. Maritain, *L'Homme et l'État*, ŒC Bd. IX, 620f.

tionen oder Denkrichtungen geben"[66]. Um eines „demokratischen ‚Glaubens' willen [...] muss das Bildungswesen in seinen Organen *pluralistischen* Strukturen Platz schaffen, die es den Lehrkräften ermöglichen, in ihrem Unterricht über die demokratischen Grundwerte ihre eigene Überzeugung und ihre persönliche Einsicht weiterzugeben"[67].

Die Zugehörigkeit zu verschiedenen Denkrichtungen ist der Freiheit der einzelnen überlassen. Allerdings „wäre es reine Illusion zu denken, man könne die demokratischen Grundwerte wirksam lehren, wenn man die Wurzeln kappt, die ihren Bestand und ihre innere Stärke im einzelnen [Bürger] gewährleisten; dies käme einer Bücherweisheit, einer Reduktion auf abstrakte, blutleere und lebensfremde Formeln gleich."[68]

Worin bestehen nun diese Wurzeln, die unaufgebbaren Grundlagen der demokratischen ‚Magna Charta'? Maritain spricht von einem unverzichtbaren Beitrag der christlich geprägten Weisheit und Vernunft:[69]

> Wenn es stimmt, dass die demokratische Überzeugung in ihrer inneren Vitalität [...] aus dem langwierigen geschichtlichen Einwirken christlicher Inspiration auf die Tiefen des profanen Bewusstseins hervorgegangen ist, dann wird man schwerlich erwarten, dass die demokratische Überzeugung in einer nichtchristlichen Umwelt Bestand haben und sie durchdringen kann. [...] Ich meine, dass hier die christliche Vernunft gefordert ist. [...] Auf der Ebene der Philosophie kann die christliche Vernunft, also die menschliche Vernunft, die der christliche Glaube stimuliert, überall an die *anima naturaliter christiana* appellieren. So kann die Philosophie eine

---

[66] *Ebd.* 621.

[67] *Ebd.* 623.

[68] *Ebd.* 622.

[69] Teil dieses Beitrags ist nach Maritain das „Gesetz der Inkarnation" (*Science et Sagesse* 34). Dies besagt, dass die absteigende Bewegung der göttlichen Fülle in die Tiefen der menschlichen Natur die Voraussetzung für deren aufsteigende Antwort ist, nicht umgekehrt. Darin besteht „die innerste Ursache des historischen Dynamismus, der das christliche Abendland prägte. Sobald dieser [Dynamismus] jedoch seine Erstursache und sein Ordnungsprinzip leugnete, musste er notwendig in Verwirrung geraten und das menschliche Wesen verwüsten."

> Grundlage für die Kooperation zwischen den Menschen aller Sprachen und Kulturen schaffen und diese wahrhaft universellen Werte und diese wahrhaft universellen Wahrheiten in die Diskussion und den freien Austausch einbringen.[70]

Was Maritain im Jahre 1951 schrieb, scheint an Gültigkeit nichts verloren zu haben. Mit ähnlichen Worten äußert sich Ratzinger über die führende Rolle der christlichen Vernunft und die damit verbundenen Konsequenzen für die heutige Wertediskussion:

> Als am meisten universale und rationale religiöse Kultur hat sich der christliche Glaube erwiesen, der auch heute der Vernunft jenes Grundgefüge an moralischer Einsicht darbietet, das entweder zu einer gewissen Evidenz führt oder wenigstens einen vernünftigen moralischen Glauben begründet, ohne den eine Gesellschaft nicht bestehen kann.[71]

Jedoch scheint Ratzinger Maritains Position für etwas zu optimistisch zu halten, da seiner Meinung nach „Maritain ein Maximum von Vertrauen zur vernünftigen Evidenz der moralischen Wahrheit des Christlichen und seines Menschenbildes vertritt"[72]. Allerdings ist er ebenso wie Maritain davon überzeugt, dass es eine Art Plattform braucht, „auf der sich politische Philosophien treffen, die in irgendeiner Form das Christentum und seine moralische Botschaft als Bezugspunkt politischen Handelns ansehen, ohne dabei die Grenzen zwischen Politik und Glauben zu verwischen."[73]
So gilt es, in der heutigen Wertediskussion gezielt nach einer gemeinsamen Plattform zu suchen und von ihr aus die anfallenden Entscheidungen in Politik, Wissenschaft und Wirtschaft zu treffen. Dabei geht es nicht um die religiöse Bindung des einzelnen, sondern um sein Verantwortungsbewusstsein vor einem transzendenten Sinnganzen. Nur wenn von diesem her die Werte betrachtet werden, sind sie als allgemeingültige Prinzipien dem Zugriff immanenter Interessen entzogen und können ihren Gültigkeitsanspruch

[70] J. Maritain, *Civilisation occidentale et foi religieuse*, ŒC Bd. IX, 1051.
[71] J. Kardinal Ratzinger, *Wahrheit* 88.
[72] *Ebd.* 86.
[73] *Ebd.* 86.

gegen den beständigen Wandel von Wertvorstellungen bewahren. Da eine solche Dimension über das Formalobjekt, den Blickwinkel der angedeuteten Einzelbereiche oder -wissenschaften hinausgeht, müssen Berührungspunkte mit ihnen vorhanden sein, damit auch der Anspruch einer solchen Dimension von ihnen anerkannt wird und sie in die Pflicht nehmen kann. Will man diese umfassende Dimension oder Plattform mit dem Begriff der Weisheit umschreiben, könnte man sie als „Wissen um das Wesentliche, um die letzten Gründe und Ziele des Seienden"[74] definieren. Auf dieser Ebene sind unantastbare Grundwerte angesiedelt, die eine verbindliche Betrachtung und Beurteilung alles Zeitlichen ermöglichen wollen.

Nach Maritain muss eine erneuerte (Weisheits-) Philosophie aufzeigen, dass der Grundbestand christlicher Prinzipien im Kern mit den demokratischen Werten übereinstimmt. So wird vermieden, dass in der Wertediskussion allein fachspezifische bzw. weltimmanente Argumente zählen oder andere Bereiche als unqualifiziert oder irrelevant abgelehnt werden. Vor diesem Hintergrund erstaunt es nicht, dass Johannes Paul II. in seiner Enzyklika „Fides et Ratio" ausdrücklich Jacques Maritain erwähnt als eine der „beispielhaften Persönlichkeiten, die sich in mutiger Forschung um eine fruchtbare Beziehung zwischen der Philosophie und dem Wort Gottes bemüht haben und die mit Recht neben die Meister der antiken Philosophie gestellt werden können"[75]. Darüber hinaus weist die Enzyklika auf die innere Verbundenheit von Glaube und Vernunft hin, die „wie die beiden Flügel sind, mit denen sich der menschliche Geist zur Betrachtung der Wahrheit erhebt"[76].

Um den Herausforderungen des dritten Jahrtausends gerecht werden zu können, fordert das Schreiben die Philosophie mit Nachdruck dazu auf, ihre Weisheitsdimension wiederzuentdecken, die „in der Suche nach dem letzten und umfassenden Sinn des Lebens besteht."[76] So kann sich die Philosophie als „letzte Instanz für die Einigung von menschlichem Wissen und Handeln erweisen, indem sie diese dazu

---

[74] Vgl. J. de Vries, „Weisheit" in W. Brugger (Hrsg.), *Philosophisches Wörterbuch*, Freiburg – Basel – Wien [14]1988, 453.

[75] Johannes Paul II., Enzyklika *Fides et ratio*, Hrsg. u. dt. Übers. Sekretariat der Deutschen Bischofskonferenz, (Verlautbarungen des Apostolischen Stuhls 135), Bonn 1998, 75 (die Angaben beziehen sich auf die jeweilige Seite).

[76] *Ebd.* 5.

[77] *Ebd.* 83.

veranlasst, ein endgültiges Ziel und einen letzten Sinn anzustreben."[78] Auch auf die Dringlichkeit einer umfassenden Perspektive angesichts der aktuellen Wertediskussionen weist die Enzyklika hin:

> Diese Weisheitsdimension ist heute um so unerlässlicher, weil die enorme Zunahme der technischen Macht der Menschheit ein erneuertes und geschärftes Bewusstsein für die letzten Werte verlangt. Sollten diese technischen Mittel ohne Hinordnung auf ein Ziel bleiben, das nicht bloß vom Nützlichkeitsstandpunkt her bestimmt wird, könnten sie sich sehr schnell als inhuman herausstellen, ja sich in potentielle Zerstörer des Menschengeschlechtes verwandeln.[79]

Nicht allein die erwähnte Enzyklika unterstreicht Maritains Rolle als Vordenker. Denn sein Postulat einer Wiederbelebung des Weisheitsideals umfasst nicht weniger deutlich das entschiedene Bekenntnis und die beherzte Verteidigung der letzten Werte, wie sie der Grundsatzerklärung von 1948 zu Grunde liegen. Nur auf dieser Plattform ist es möglich, jene umfassende und weite Perspektive einzunehmen, die das (zeitliche und ewige) Wohl der Einzelperson wie auch das Gemeinwohl angemessen berücksichtigt. Nicht ein Flickwerk aus einseitig-willkürlichen Freiheitsansprüchen kann das Fortbestehen der demokratischen Werte garantieren, sondern nur ein weites, organisches und harmonisches Verständnis der Welt, in dem Vernunft und Glaube, Philosophie und Theologie, wissenschaftlicher Fortschritt und Verantwortung gegenüber Gott ihren Platz haben.
Die Offenheit von Maritains konsequent katholischem Denken entspricht der Grundhaltung eines modernen, vorurteilsfreien Philosophen, eines Weisen im Vollsinn des Wortes. Sein Werk und sein gelebtes Beispiel offenbaren ihn als einen politischen Vordenker, der zur aktuellen Wertediskussion entscheidende Impulse beitragen kann. Maritain zeigt einen möglichen Weg auf, wie sich der Mensch auch im Denken einer pluralen Gesellschaft als selbständiges Geschöpf (homo faber) und als Abbild des Schöpfers (imago Dei) verstehen und als solches verantwortlich handeln kann.

---

[78] *Ebd.* 84.
[79] *Ebd.* 84.

Jacques Maritain: Zeitgenossenschaft als Zeugnis

Victor Conzemius

1. Einleitung

Am 29. April 1973, einen Tag nach dem Tode von Maritain, sagte Papst Paul VI. den Gläubigen auf dem Petersplatz: „Jacques Maritain war ein Meister in der Kunst des Denkens, des Lebens und des Gebetes. [...] Seine Stimme, seine Person haben in der Geschichte der Philosophie und der katholischen Spiritualität einen bleibenden Ort. Wir erinnern an seine Anwesenheit damals auf diesem Platz, als er beauftragt wurde, den Menschen aller Kulturen im Namen Jesu Christi, des alleinigen Herrn, ein Grußwort zu übermitteln." In der Tat hatte Paul VI. den französischen Philosophen ausgewählt, am 8. Dezember 1965 zum Abschluss des Konzils auf dem Petersplatz seine Botschaft an die Welt der Geisteswissenschaften in Empfang zu nehmen.[1]

Dass die Wahl des Papstes auf den französischen Intellektuellen gefallen war, verwundert nicht. Giovanni Battista Montini war seit seiner Studentenzeit in besonderer Weise der französischen Kultur verbunden. Er hatte einzelne von Maritains Werken ins Italienische übersetzt und war der gute Geist von Jacques und seiner Frau Raïssa an der römischen Kurie vor und während seiner Tätigkeit als Vatikanbotschafter gewesen.[2] Die Auszeichnung war zudem von hoher symbolischer Bedeutung. Es gab keine Persönlichkeit, die den Typus des Intellektuellen im katholischen Raum so überzeugend verkörperte und international ein solches Ansehen besaß wie dieser

[1] J.-L. Barré, *Jacques et Raïssa Maritain. Les mendiants du Ciel*, Paris 1995, 573; zum Text des Papstes vgl. L'Osservatore Romano, 30. 4./1. 5.1973, 1.

[2] Ph. Chenaux, *Paul VI. et Maritain*, Roma 1994; G. Galeazzi (Hrsg.), *Maritain, i Papi e il Concilio Vaticano II*, Milano 2000.

als Neothomist etikettierte französische Philosoph. Kirchlich gebunden, ohne Hörigkeit gegenüber den „bien pensants" seiner Zeit, schlug er Brücken zu Ufern, zu denen die Verbindung abgebrochen war. Er verstand es, sich in kontroverse Fragen öffentlich einzumischen, ohne die Attitüde des Rebellen zu kultivieren.

2. In Deutschland vergessen

Zu dem Zeitpunkt, als er beauftragt wurde, die Botschaft des Papstes auf dem Petersplatz entgegen zu nehmen, hatte er den Zenit seines Wirkens bereits überschritten. In Frankreich und Deutschland war er weithin vergessen.[3] Seine große Zeit als geistiger Vordenker hatte er in Frankreich zwischen 1920 und 1950, in Deutschland etwa zwischen 1925 und 1935. Am 6. Februar 1929 konnte er seinem Freunde Charles Journet in der Schweiz schreiben: „Es gibt unter den deutschen Katholiken eine große Sehnsucht nach intellektueller Kommunikation mit den französischen Katholiken, die sie unter das Patronat des hl. Thomas von Aquin stellen möchten." Konkret erwähnt Maritain den Kanonisten an der Wiener Universität, Konstantin Prinz von Hohenlohe, sowie Prälat Münch vom Katholischen Akademikerverband und fährt fort: „Ich persönlich besitze in Deutschland und Österreich Kredit, man liest dort meinen ‚Primat', und ich habe Korrespondenten in verschiedenen deutschen Städten. Kurz, es gibt heute (und das kann rasch umschlagen) ein außergewöhnlich günstiges Terrain für die ‚Kultur des Thomismus' in Deutschland. Das ist unter christlichem wie europäischem Gesichtspunkt von sehr großer Bedeutung. Doch leider gibt es niemand hier, der es verstünde, die Chance dieser Stunde auszunützen. Die französischen Katholiken sind erschreckend rückstän-

[3] Zur Rezeption von Maritain in Frankreich und Deutschland vgl. die Beiträge von E. Poulat und Ph. Chenaux in *Jacques Maritain en Europe. La réception de sa pensée*, Hrsg. B. Hubert, Paris 1996; für Deutschland vgl. auch H. Hürten, „Der Einfluss Jacques Maritains auf das politische Denken in Deutschland", in *Jahrbuch für christliche Sozialwissenschaften* 26 (1985). Vgl. auch H. Hürten, *Katholiken, Kirche und Staat als Problem der Historie. Ausgewählte Aufsätze 1963-1992*, Paderborn 1994, 308-322. Als aktuellste Untersuchung vgl. B. Ritzler, *Freiheit in der Umarmung des ewig Liebenden*, Bern 2000, 20.

dig und von nationalen Vorurteilen vergiftet."[4] Maritain entwickelte daraufhin den Plan einer thomistischen Gesellschaft in Deutschland, die mit ihrer älteren französischen Schwester zusammenarbeiten sollte. Was sich in dieser kurzen Zeit an Zusammenarbeit und Austausch eingespielt hatte, beendete abrupt 1933 der Nationalsozialismus.

Nach dem Zweiten Weltkrieg trat der Existentialismus mit Sartre und Camus seine philosophische Herrschaft an. Die französische Theologie, zu deren gesellschaftlicher und kultureller Akzeptanz Maritain beigetragen hatte, brauchte ihn jetzt nicht mehr. In Deutschland erschien zwar nach dem Zweiten Weltkrieg noch eine stattliche Reihe seiner Werke, blieb jedoch ohne große Resonanz. Anders als in den zwanziger Jahren, als eine Aufbruchstimmung deutsche Intellektuelle und Philosophen wie Waldemar Gurian, Hermann Platz, Ernst Robert Curtius oder Peter Wust nach Frankreich hin orientiert hatte, kam es hier zu keiner Maritain-Renaissance. Ob das auf den allzu verzweckten Einsatz von dessen Schriften zur demokratischen Umerziehung der Deutschen zurückzuführen ist, oder auf den Pragmatismus der Adenauerzeit,[5] darüber lässt sich diskutieren.

An die Zeit zwischen den beiden Weltkriegen ließ sich 1945 nicht ohne weiteres anknüpfen. Deutschland hatte gewaltigere Probleme zu bewältigen als nach 1918. Sicher fällt auch ins Gewicht, dass Maritain kein inneres Verhältnis zu Deutschland entwickelt hatte, sondern trotz seines Aufenthaltes in Heidelberg 1906–1908 in Distanz und Abgrenzung gegenüber deutscher Geistestradition verblieben und durch das Aufkommen des Nationalsozialismus darin bestärkt worden war. Für dessen historische Voraussetzungen machte er die spezifisch deutsche Geisteskultur verantwortlich. Unter katholischen deutschen Theologen stempelte das Etikett des Thomisten oder Neothomisten, das ihm anhaftete, ihn als Scholastiker von gestern ab.

---

4 P. Mamie – G. Cottier (Hrsg.), *Correspondance Journet – Maritain*, Fribourg-Paris 1996–2000; (Bd. 1: 1920–1929; Bd. 2: 1930–1939; Bd. 3: 1940–1949), Zitat aus Bd. 1, 668.

5 So Ph. Chenaux, „L'influence de Jacques Maritain en Allemagne", in *Jacques Maritain en Europe*, Hrsg. B. Hubert, Paris 1996, 95.

Was aber einer auch nur partiellen Maritain-Renaissance definitiv jegliche Aussicht verbaute, war sein 1966 erschienenes Werk *Der Bauer von der Garonne* (deutsch 1969), in dem er am Zweiten Vatikanischen Konzil und an der nachkonziliaren Entwicklung Kritik übte. Damit war er bei den Theologen ausrangiert und in eine rechte Ecke geschoben, in der nur noch Erzbischof Lefèbvre ihm den Rang streitig machte. 1992 konnte Peter Nickl in seiner Münchner Dissertation schreiben: „Jacques Maritain ist in Deutschland ein Unbekannter."[6]
Wenn diese Feststellung bereits für das schriftlich fassbare, philosophische und schriftstellerische Werk von Maritain gilt, so trifft sie a fortiori auf dessen Zeitzeugenschaft zu. Eine verschiedene kulturelle Sensibilität und die geistige Abschnürung Deutschlands in der Zeit der Nazidiktatur trugen dazu bei, dass diese Aspekte der Biographie des Philosophen kaum beachtet und gerne missverstanden wurden. Doch beruht auf ihnen zum guten Teil der Kredit, den Maritain sich außerhalb katholischer Kreise erworben hatte und der ihn als kulturellen Botschafter katholischen Christentums für viele Intellektuelle der Welt glaubwürdig machte. Die nachfolgende Skizze stützt sich hauptsächlich neben der 1996 veröffentlichten Biographie von Jean-Luc Barré auf den Briefwechsel Maritains mit dem Schweizer Theologen Charles Journet, von dem drei Bände für die Jahre 1920 bis 1949 vorliegen.[7]

3. Eine große Freundschaft

Freundschaft und Weggenossenschaft bedeuteten Jacques Maritain sehr viel. Als Enkel von Jules Favre, der nach dem Sturz Napoleons III. die Republik ausgerufen und 1871 den Waffenstillstand mit Bismarck verhandelt hatte, wuchs er in einer liberalen protestantischen Familie auf. Die Ehe seiner Eltern – der Vater war Jurist – wurde geschieden; Geneviève, die Mutter, besaß neben ihrer starken antiklerikal-laizistischen Überzeugung viel Willenskraft, um die

[6] P. Nickl, *Jacques Maritain. Eine Einführung in Leben und Werk*, Paderborn 1992, 7.
[7] Vgl. Anm. 1 und 4.

Familie durchzubringen. Als Student der Philosophie an der Sorbonne lernte Jacques Raïssa Oumançoff (1883–1960) kennen, die Tochter russisch-jüdischer Immigranten. 1904 heirateten die jungen Leute.
Für ihre geistige Orientierung war die Begegnung mit dem am Collège de France lehrenden Philosophen Henri Bergson und dem einem christlichen Sozialismus zuneigenden Literaten Charles Péguy entscheidend. Léon Bloy, der „Marktschreier Gottes" in einer gottlosen Welt und Künder der jüdischen Wurzeln des Christentums, war Pate bei der Taufe von Jacques, Raïssa und deren Schwester Véra am 11. Juni 1906. 1919 wurde Maritain gegen den Willen von Msgr. Baudrillart, dem Rektor des Institut Catholique in Paris, Professor für Philosophie, ein Posten, den er bis 1939 versah. 1933 übernahm er zugleich eine Professur am Toronto Institute for Medieval Studies. Sie erleichterte ihm 1939 die Übersiedlung nach Kanada. Hier und in New York, wo er 1941 die Leitung der von Emigranten gegründeten Ecole libre des hautes études übernahm, unterhielt er zahlreiche Kontakte zur internationalen Emigration. General Charles de Gaulle überredete ihn 1944, sich für den Posten eines Botschafters beim Vatikan zur Verfügung zu stellen. 1948 trat er von dieser Aufgabe zurück. Da das Collège de France in Paris ihm einen Lehrstuhl verweigerte, der zugleich seinen Lebensunterhalt sichergestellt hätte, nahm er 1950 eine Professur am jüngeren, aber nicht weniger berühmten Institute for Advanced Studies in Princeton an. 1960, nach dem Tod seiner Frau, zog er zu den kleinen Brüdern des Charles de Foucauld nach Toulouse, wo er am 28. April 1973 verstarb.
Beschaulicher verlief die Laufbahn seines um zehn Jahre jüngeren geistlichen Freundes Charles Journet. Journet,[8] 1891 in Genf als Sohn eines Kleingewerblers geboren, absolvierte zuerst eine Banklehre, um dann ins Gymnasium hinüberzuwechseln. 1913 trat er in das Priesterseminar in Fribourg ein und empfing 1917 die Priesterweihe für die Diözese Lausanne, Genf und Fribourg. Nach Vikariaten in Fribourg und Genf wurde er 1927 Professor der Dogmatik am Priesterseminar in Fribourg. 1965 nahm Paul VI. ihn ins Kardinalskollegium auf. Journet starb am 15. April 1975 in

[8] Vgl. Ph. Chenaux, *Charles Journet*, Paris 1992.

Fribourg und fand seine letzte Ruhestätte bei den Kartäusern in der Valsainte. Sein Hauptwerk ist die dreibändige *Eglise du Verbe incarnée* (1941–1961).
Es war ein Text, die Einleitung von Maritain zu einer biographischen Skizze des Dominikaners Humbert Clérissac, welcher den Genfer Vikar bewog, mit dem französischen Philosophen Kontakt aufzunehmen. In diesen wenigen Seiten stecke „mehr wahrer Thomismus als in vielen gelehrten Bänden", schrieb er am 4. November 1920 nach Paris. Das war der Beginn einer Freundschaft und eines Austausches, die sich über ein halbes Jahrhundert erstrecken sollten.
Beide waren keine Stubengelehrten. Maritain entzog sich den politischen Stellungnahmen nicht, die der französische Katholizismus ihm zumutete. Journet verstand die Quintessenz seines Wirkens als theologischer Lehrer und Schriftsteller als Auftrag zu Seelsorge und Verkündigung. Eine gemeinsame innere Vision verband den Philosophen mit dem Theologen: Contemplata aliis tradere. Das Geschaute und Meditierte anderen weitergeben. Mit dieser Devise der Dominikanerspiritualität lässt sich ihre Weggenossenschaft am besten beschreiben.
Dabei kam ihnen eine gemeinsame Grundstimmung und Zeitdeutung entgegen. Beide waren ausgezogen, um den liberalen Protestantismus zu bekämpfen. Der Ausgang des Ersten Weltkrieges war für beide das Menetekel des deutschen Ungeistes. 1925 schleuderte Maritain mit den *Trois Reformateurs* seine Anklage gegen die Reformation heraus: der Spaltpilz Luther habe die europäische Einheit zerbrochen. Die Sprache des schmalen aber vielgelesenen Pamphletes war so vehement und die Reaktion im deutschen Protestantismus so bitter, dass der 1930 zur katholischen Kirche konvertierte Bonner Historiker des frühen Christentums Erik Peterson ihm noch Jahre später riet, die harten und anstößigen Passagen zu mildern.[9] Einer Rezeption von Maritain im deutschen Protestantismus – er war zudem ein Überläufer aus einer liberalen protestantischen Familie – hat dieses Buch keinen Vorschub geleistet. Die Vorbehalte im deutschen Protestantismus gegenüber Maritain blieben auch nach 1945 sehr lebendig.

[9] Vgl. Ph. Chenaux, „L'influence de Jacques Maritain" 95.

Charles Journet andererseits sah in der brüsken Abwendung der Genfer Eliten von Deutschland nach der Niederlage von 1918 eine Chance für den Katholizismus. Zugleich bot sich ihm die Gelegenheit, in seinem Buch *L'ésprit du protestantisme en Suisse* (1925) mit dem liberalen Protestantismus seiner Vaterstadt abzurechnen. Nach 1918 fand der Katholizismus im kalvinistischen Genf – bisher die Religion von Zuwanderern und einigen im 19. Jahrhundert zu Genf hinzugekommenen Dörfern Savoyens – jetzt das Interesse zahlreicher Künstler und Literaten. Zwar erschütterte dies den protestantischen Charakter der Stadt nicht, gab jedoch dem Katholizismus eine neue gesellschaftlich-kulturelle und modisch-avantgardistische Akzeptanz.[10] In dieser Situation kam Maritain dem Genfer Vikar mit Vorträgen und pfleglichen Kontakten zu den nicht wenigen Konversionswilligen beiderlei Geschlechtes zu Hilfe.

4. Konversionen – Reversionen

Die zwanziger Jahre waren überhaupt auch in Frankreich die große Zeit der Konversionen und Reversionen zur Kirche. Zahlenmäßig mögen sie nicht besonders ins Gewicht gefallen sein. Aber da sich unter ihnen Schriftsteller und Künstler von hohem Rang befanden, erregte diese Hinwendung zur Kirche großes Aufsehen. Sie bereitete das intellektuelle Klima vor für den renouveau catholique der dreißiger Jahre, in denen Paul Claudel, François Mauriac, Georges Bernanos, Julien Green, Gabriel Marcel und Georges Rouault die Stellung des Katholizismus in der kulturellen Tradition Frankreichs wieder etablierten.[11]
Yves Simon, ein Schüler Maritains, der später mit ihm nach Amerika emigrierte, hat einmal übertreibend bemerkt, dass dasjenige, was man die thomistische Erneuerung nannte, eigentlich auf einem

---

[10] Vgl. J. B. Fellay, „De la confrontation au rapprochement. Les catholiques genevoises face au protestantisme (1920–1950)", in *Schweizer Katholizismus 1933–01945. Eine Konfessionskultur zwischen Abkoppelung und Solidarität,* Hrsg. Victor Conzemius, Zürich 2001, 147-178.

[11] Ph. Chenaux, *Une génération intellectuelle catholique (1920–1930),* Paris 1999; J. Prévotat, *Être chrétien en France au XXe siècle. De 1914 à nos jours,* Paris 1999.

Sofa in Meudon hätte Platz finden können. Mit Meudon war das Haus der Maritains bei Paris gemeint, das sie 1923 erwarben. Es war ein Haus der Begegnung, das Suchende oder Aussteiger aus dem Sündenpfuhl der Welt aufnahm oder auch von innerlich Zerrissenen als Lazarett aufgesucht wurde, um den Seelenfrieden wiederzufinden. Einmal im Jahr fanden hier unter der Leitung des strengen Thomisten P. Garrigou-Lagrange Exerzitien statt, bei denen benachbarte Ordenshäuser die Teilnehmer – mitunter bis zu 300 – aufnahmen.

Der deutsche Philosoph Peter Wust, der exzentrische Maurice Sachs, ein wahres „enfant terrible" der Literaturszene, und manche andere haben ihre Erinnerungen an das Haus in Meudon und an die Gastgeber festgehalten. Besonders bewegend ist das Zeugnis von Jean Cocteau, der nach dem Tode seines jungen Freundes Raymond Radiguet in Depressionen verfiel und durch Maritain 1923 den Glauben seiner Kindheit wieder entdeckte. Cocteau, den es wegen seiner gleichgeschlechtlichen Orientierung nicht lange in der kirchlichen Orthopraxis hielt, blieb dem „Cher Jacques" bis zu seinem Lebensende in herzlicher Freundschaft verbunden. Ein erfrischender Briefwechsel zeugt von der gegenseitigen Wertschätzung und Toleranz zweier so verschiedener Charaktere.[12]

Die Belastung, welcher Maritain sich angesichts der vielfältigen Beanspruchung ausgesetzt sah, war groß. Seinem Genfer Vertrauten Charles Journet schrieb er: „Das Leiden, die Gefahren, die hinter dieser Korrespondenz stehen, haben Sie erraten. Wir müssen viel für unseren lieben Cocteau beten, für all seine Freunde, für viele die noch kommen (und von welchen Abgründen her) und denen wir uns nicht entziehen können. [...] Ich komme mir vor wie ein Mann auf abschüssigem Terrain, der sich eine zu schwere Last zugemutet hat. Eine falsche Bewegung genügt und man kommt zu Fall. Aber was wollen Sie der Gnade Gottes entgegensetzen! Man braucht nur die Augen zu schließen und ihn gewähren zu lassen."[13]

Der eher nüchterne Jesuit Joseph de Tonquédec beschreibt die Ausstrahlung des charismatischen Philosophen auf die intellektuel-

[12] M. Bressolette – P. Glaudes (Hrsg.), *Jean Cocteau – Jacques Maritain: Correspondance 1923–1963*, Paris 1992.

[13] Nicht datierter Brief von Maritain an Journet, zitiert von J.-L. Barré, *Les mendiants* 304.

le Jugend der Zeit mit den Worten: „Maritain ist eine originelle Mischung von Intransigenz und Zärtlichkeit, von brillanter Intellektualität und tiefer Mystik. Das fasziniert. Denjenigen, die ihn um Hilfe angehen, zeigt er noch etwas anderes: eine brüderliche Liebe, die in allem – soweit wie möglich – das Gute sieht, ein positives Vorurteil gegenüber jeglicher menschlicher Not, in natürlicher Weise verbunden mit dem Bestreben, die Kranken in jenes reine Lichtbad zu tauchen, das allein ihnen Heilung bringen kann. [...] Wie viele tastend-suchende Geister und orientierungslose Menschen haben den jungen Philosophen aufgesucht, um die Sicherheit eines kompromisslosen Thomismus zu finden und entdecken seine tief religiöse Seele! Maritain erscheint uns heute – inmitten seines Kreises von Schülern und Konvertiten – einige davon sind von sehr weit aufgebrochen von der extremen Linken der Linken – als ein Missionar, der sich im Urwald bewegt. Seine schärfsten Gegner geben das nicht ohne Enttäuschung zu."[14]

5. Wider die Häresien der Zeit: Totalitarismus und Nationalismus

Nicht nur in privaten Angelegenheiten war Maritains Vermittlung gesucht. Das zeigte sich 1926 bei der Verurteilung der Action Française durch Pius XI.[15] Diese von den Literaten Charles Maurras und Léon Daudet gegründete Bewegung, die einen militanten Antirepublikanismus mit der Idee einer Rückkehr zur Monarchie verband, hatte starken Anklang unter den französischen Katholiken gefunden, beim Episkopat und im Klerus ebenso sehr wie bei Laien. Wie zahlreiche seiner Freunde stand auch Maritain zeitweilig in ihrem Bann. Bereits vor dem Ersten Weltkrieg hatte sie das Misstrauen Roms erregt. Wegen des Kriegsausbruchs unterblieb eine Verurteilung. Auch in den ersten Nachkriegsjahren, in denen sich eine Annäherung zwischen Frankreich und dem Heiligen Stuhl abzeichnete, erschien eine solche Maßnahme inopportun. Doch

---

[14] *Ebd.* 303.

[15] Bibliographische Auskünfte finden sich in allen kirchengeschichtlichen Handbüchern und theologischen Nachschlagewerken. Vgl. dazu die neueste Synthese von J. Prévotat, *Les catholiques et l'Action Française*, Paris 2001.

die zunehmende Vergötzung des Nationalismus und Maurras programmatische Proklamation des Primates der Politik vor den religiös-spirituellen Werten bewogen 1926 den Papst zum Einschreiten. Maritain versuchte zu vermitteln und schlug zuerst vor, durch Gründung von theologischen Gesprächs- und Weiterbildungskursen das Defizit theologischer Bildung in Laienkreisen wettzumachen. Sein Vorschlag wurde nicht angenommen. Doch wurde er von Rom ersucht, der französischen Öffentlichkeit die Gründe für die Verurteilung darzulegen.

In seinem Pamphlet *Primauté du spirituel* (1927) stellte er dem Slogan vom Primat der Politik die Formel vom Primat des Spirituellen entgegen. Für ihn, der dem Agnostiker Maurras persönlich Sympathien entgegenbrachte, bestand kein Zweifel, dass dem Urteil des Papstes Gehorsam zu leisten sei. An Maurras schrieb er: „Die Katholiken müssen und werden ihrem Chef gehorchen. Welche Position die Action Française auch einnehmen wird, eines scheint mir klar zu sein: es würde nichts nützen, die Angelegenheit herunterzuspielen. Vom schlecht informierten Papst an den besser informierten Papst zu appellieren würde nichts nützen, ebenso wenig wie die Verurteilung prodeutscher Propaganda dem Vatikan zuzuschreiben. Nach meiner Auffassung ist das völlig unzulässig. Sie wissen, was ich über den der Kirche geschuldeten Gehorsam denke. In allen Situationen benützt die gerechte Hand Gottes die menschlichen Dinge und erreicht so ein Ziel, welches der Buchstabe nicht immer verrät, den aber unser geistlicher Sinn entdecken müsste."[16]

Diese grundsätzliche Entscheidung fiel ihm nicht leicht. Er selber war ja im Bannkreis dieser Bewegung gestanden und wusste, dass die meisten Sympathisanten die Gefährlichkeit der weltanschaulichen Prämissen ihrer geistigen Führer nicht durchschauten. So führte das „Non possumus" von Maurras und Daudet, der beiden Chefideologen der Action Française, die römische Entscheidung anzuerkennen, zu einer weiteren Klärung von Maritains Position. Als die beiden sich zu heftigen Ausfällen gegenüber dem Papsttum verstiegen, bezog er nochmals Stellung. Im September 1926 reiste er nach Rom und hatte zwei auffallend lange Unterredungen mit Pius XI.

[16] J.-L. Barré, *Les mendiants* 349.

Vom Papst, der auf klare Unterscheidung zwischen legitimer patriotischer Gesinnung und ultranationalistischer Häresie drängte, ließ er sich gewinnen, die Berechtigung der römischen Verurteilung, die auch von vielen Bischöfen nicht verstanden wurde, zu begründen und die philosophisch-literarische Kampagne gegen die Action Française zu führen. Weggefährten wie der Schriftsteller Georges Bernanos brachen mit ihm; erst im Disput über den spanischen Bürgerkrieg fanden sie wieder zueinander.

Es gibt wenige Entscheidungen eines Papstes der Neuzeit über die Köpfe wichtiger Ratgeber oder eines Episkopates hinweg, die in der Rückschau so positiv beurteilt werden wie die Verurteilung der Action Française. Sie wird als Befreiungsschlag empfunden, der den größeren Teil der französischen Katholiken davor bewahrte, sich nach 1940 der nationalen „Erneuerungsbewegung" unter Marschall Pétain anzuschließen und sich so indirekt zum Komplizen nationalsozialistischer Erfüllungspolitik zu machen. Die Vorwürfe, die nach der Befreiung Frankreichs gegen einen Teil des Episkopates erhoben wurden, stehen in Zusammenhang mit dieser Affäre, die trotz der römischen Verurteilung im französischen Katholizismus weiterschwelte.[17]

Die klare Grenzziehung und Absage an die Vergötzung der Nation barg aber auch umgekehrt die Gefahr einer Emigration aus der Gesellschaft. Sollte damit etwa gemeint sein, dass die papstfolgsamen Katholiken sich quasi auf das binnenkirchliche Terrain, die Sakristei, zurückzuziehen hätten? „Man befindet" schrieb er 1929 an Journet, „dass das unter kulturellem Gesichtspunkt unfruchtbar bleibt. Das Evangelium ist ein Manna, das zu wenig schmackhaft ist; alle suchen nach kräftigen Zwiebeln und finden sie. Das Ergebnis ist, dass dasjenige, was wir Zivilisation nennen, unter anderen Firmenschildern läuft."[18] Um dem abzuhelfen schlug er vor, aus den päpstlichen Verlautbarungen der Neuzeit ein internationales Manifest zu erstellen.

Dieser gutgemeinte Vorschlag kam nicht zur Ausführung. Hingegen dehnte Maritain seine intensive, bisher auf Frankreich, die Romandie

---

[17] Vgl. E. Fouilloux, *Les chrétiens français entre crise et libération 1937–1947*, Paris 1996; J.-L. Clément, *Les évêques au temps de Vichy. Loyalisme sans inféodation*, Paris 1999.

[18] Maritain an Journet, 6. Feb. 1929, *Correspondance*, Bd. 1, 669.

und Deutschland beschränkte Vortragstätigkeit in den 30er Jahren auf die Vereinigten Staaten, Kanada und Südamerika, insbesondere Brasilien, Argentinien und Chile aus. In diesen Ländern übten autoritäre Staatsformen gerade auf Katholiken eine starke Anziehungskraft aus. Wenn hier eine bedrohliche Entwicklung zu Phalange und Faschismus nach europäischem Vorbild zurückgedrängt werden konnte, so ist dies zu einem großen Teil dem Einfluss von Maritain zuzuschreiben. Maritains Gesprächskreise und Studienzirkel gab es in den vorhin genannten Ländern bereits in den 20er Jahren. Hier wuchs sein Einfluss stetig auch nach 1945 und bereitete christdemokratischen Parteien die Wege.[19] Gerne wird vergessen, dass Maritains Gedanken in christlichen Kreisen südamerikanischer Staaten das soziale Gewissen schärften und eine Sensibilisierung einleiteten, ohne die die spätere Befreiungstheologie nicht möglich gewesen wäre.

6. Spanischer Bürgerkrieg

Die Schwierigkeit, einen dritten Weg zu beschreiten, zeigten die 30er Jahre, als zu Kommunismus, Faschismus und Phalange der Nationalsozialismus hinzukam. Am spanischen Bürgerkrieg 1936–1939 schieden sich die Geister. Mit anderen französischen Intellektuellen ergriff Maritain Partei für die Basken, die ihre Interessen besser auf der republikanischen Seite als auf der nationalistischen des Generals Franco gewahrt sahen. Im Baskenland war zudem der Katholizismus am stärksten verwurzelt und besaß über traditionelle Religiosität hinaus eine gestaltende soziale und intellektuelle Kraft. Maritain wandte sich mit großer Entschiedenheit gegen den Versuch, den Bürgerkrieg zu einem Kreuzzug für die christliche Zivilisation zu erklären. Aus Fribourg schrieb ihm am 30. Oktober 1936 der verunsicherte Journet: „Ich kenne zahlreiche Leute, die das Prinzip einer christlichen Politik bejahen, die aber die Meinung vertreten, dass in einer Situation, wie sie sich in Spanien entwickelt hat, das kleinere Übel darin besteht, eine

[19] Vgl. J.-L. Barré, *Les mendiants* 432ff.

zeitweilige Allianz (unter Vorbehalt) mit den Elementen der Rechten zu rechtfertigen. Das scheint die Haltung des Papstes zu sein, der eigentlich über den Parteien stehen möchte, und das missfällt mir sehr. Ich verstehe, dass es heroischer sein mag, sein Ideal vor jedem Kompromiss zu bewahren, und dass die Kirche wachsam sein muss. Aber es scheint mir sehr schwierig, von der Masse der politisch aktiven Christen zu verlangen, sich einer Allianz mit der Rechten zu enthalten, wenn die Bolschewisten zur Waffe greifen."[20]

Eine politische Lösung sah auch Maritain nicht. Sein moralischer Aufschrei richtete sich gegen die Unfähigkeit der Christen, auf friedlichem Wege, ohne kriegerische Auseinandersetzungen, ihre Konflikte zu regeln. Dem Genfer Freund antwortete er: „Die Tragödie Spaniens zerreißt uns das Herz, man erschlägt die Gewissen, indem man automatisch das hölzerne Prinzip des kleineren Übels anwendet. Das größere Übel besteht doch darin, dass die Christen die Welt um das Zeugnis evangeliumsgemäßer Liebe betrügen, das ist eine schreckliche Finsternis für die Seele. Dass eine große Anzahl Katholiken sich ihr Gewissen ohne große Gewissenskonflikte bildet, indem sie nach rechts schauen, kann ich verstehen. Aber diejenigen, die die Wirklichkeit kennen! Die menschlichen Rücksichten, die Formeln und äußeren Zeichen setzen sich über alles hinweg."[21]

Eine politisch umsetzbare Lösung hatte auch Maritain nicht parat. Er versuchte, kritisch nach beiden Seiten zu bleiben. Er verurteilte die Massaker der Roten an Priestern und Nonnen; ebenso stigmatisierte er die blutigen Exzesse der Nationalisten. „Wenn es ein schreckliches Sakrileg ist, Priester zu massakrieren, selbst dann, wenn sie Faschisten sind, so ist es ein anderes, genau so schreckliches Sakrileg, christliche Arbeiter zu erschießen, selbst dann, wenn sie Marxisten sind."[22] Dieser Satz wurde ihm besonders übel genommen. Er brachte ihm den Vorwurf ein, er sei realitätsfremd und

[20] Journet an Maritain, 30. Okt. 1936, *Correspondance* Bd. 2, 623.

[21] Maritain an Journet, 17. Nov. 1936, *Correspondance* Bd. 2, 625. Zur Polarisierung in Frankreich in der Angelegenheit des spanischen Bürgerkrieges vgl. R. Rémond, *Les crises du catholicisme en France dans les années trente*, Paris 1996.

[22] J.-L. Barré, *Les mendiants* 442.

halte es mit den Kommunisten. Auch Charles Journet in der Schweiz musste sich diese Anklage gefallen lassen.[23]
Diese Beschuldigungen waren natürlich völlig aus der Luft gegriffen, auch wenn Maritain die auf katholischer Seite geschürte Angst vor dem Bolschewismus für übertrieben hielt und an die katastrophalen sozialen Versäumnisse der spanischen Kirche erinnerte. Den Brief der spanischen Bischöfe an den Weltepiskopat vom 1. Juli 1937, in dem der Primas Kardinal Goma y Tomas für die Nationalisten Partei ergriff und Francos Kreuzzugsgedanken als legitim und heilig erklärte, war für ihn ein Dokument politischer Propaganda, das auf den Druck Francos zustande gekommen war.[24]

7. Ein heiliger Krieg?

Maritain und Journet waren sich einig, dass der Kreuzzugsgedanke angesichts der komplexen Situation in Spanien des christlichen Namens unwürdig sei. Die Vorstellung eines heiligen Krieges war Maritain ein Gräuel. Als Laie hatte er größere Freiheit, seinen Standpunkt zu wahren, auch wenn er der Mehrheit der französischen Katholiken widerstrebte. Mit François Mauriac, Emmanuel Mounier, Gabriel Marcel und Georges Bidault redigierte er ein „Manifest für das Volk der Basken"[25] und übernahm den Vorsitz eines französischen Comités für den bürgerlichen und religiösen Frieden in Spa-

---

[23] Am 25. Juli 1938 bemühte sich Hans Urs v. Balthasar, der damals noch bei den „Stimmen der Zeit" in München arbeitete, vom französischen Publizisten Etienne Borne einen Artikel über Maritain zu erhalten, der besonders den Vorwurf des Philokommunismus beleuchten sollte. Wegen der politischen Verhältnisse in Deutschland konnte dieser Artikel, falls er überhaupt abgeliefert wurde, nicht gedruckt werden. Vgl. B. Ritzler, *Freiheit in der Umarmung* 21, Anm. 45. Auch gegenüber Karl Barth wurde gelegentlich der Vorwurf der Kommunistenfreundlichkeit erhoben.

[24] Von den 61 spanischen Bischöfen hatten 52 unterschrieben; aus verschiedenen Gründen fehlten die Unterschriften von 7 Bischöfen. Aus grundsätzlichen Erwägungen hatten der Erzbischof von Tarragona, Kardinal Vidal y Barraquer, und der Bischof von Victoria sich geweigert zu unterschreiben. Als Francos Regierung letzteren deswegen auswies, ging Kardinal Vidal nach Italien ins Exil. Er starb am 13. Sept. 1943 während eines Sanatoriumsaufenthalts in Fribourg.

[25] Vgl. *La Croix* (8.5.1937) 12.

nien. Diese ungewöhnliche Stellungnahme eines loyalen Katholiken wurde in der freien Welt beachtet, auch wenn sie ihm viel Kritik in kirchlichen Kreisen Frankreichs und der römischen Kurie einbrachte und ihn als realitätsfremden Querkopf, schlimmer noch als verkappten Kommunistenfreund, abstempelte.
Auf Seiten der aufständischen Nationalisten sah man in ihm den gefährlichsten Gegner in Frankreich. Ein Communiqué des Ministerrates vom 12. Mai 1938 denunzierte die Machinationen eines abstoßenden Konglomerats, in dem in enger Verbrüderung mit den Freimaurern spanische Rote und ein sehr bekannter französischer Konvertit – Maritain ist gemeint – sich zusammengetan hätten. Am 19. Juni 1938 griff Serrano Suñer, der Innenminister und Schwiegersohn Francos, den französischen Philosophen in einer Ansprache an, in der er ironisch bemerkte, Maritain spreche in einem Tonfall, der an die Lippen Israels erinnere. „Sie wissen, dass er im Begriff steht, das Lob der Freimaurerlogen und der Synagogen entgegen zu nehmen."[26]
Das war eine hämische, katholischer politischer Korrektheit der Zeit durchaus entsprechende Anspielung auf die dezidierten Stellungnahmen von Maritain gegen den Antisemitismus, auf die wir später zu sprechen kommen. Verwundern mag, dass der engere Beraterkreis des Papstes dem französischen Philosophen freie Hand ließ und die Denunziationen nicht beachtete, die gegen ihn vorgebracht wurden. P. Garrigou-Lagrange, der an der Dominikaneruniversität Angelicum orthodoxen Thomismus lehrte und Maritain im Grunde wohlgesonnen war, meldete sich mit leichtem und schwerem Geschütz, in das auch die nähere Umgebung des Hl. Vaters als Munition eingesetzt wurde. Journet ließ er lange Briefe zukommen, in denen er sich über Maritains Starrsinn beklagte. Er hatte eine einfache Lösung in diesen schwierigen Gewissenskonflikten parat. Es gebe eine wahre und eine falsche katholische Rechte. Die „wahre Rechte" sei dort, wo die Kirche, also die Bischöfe seien. Dazu meinte Maritains Schweizer Freund, mit gleichem Recht könne man eine wahre und eine falsche Linke unterscheiden. Jesus von Nazareth gehöre zur ersteren. Denn rechts sei er sicher nicht gestanden.[27]

---

[26] J.-L. Barré, *Les mendiants* 445.
[27] *Correspondance Journet – Maritain*, Bd. 2, 800 u. Register.

Im vatikanischen Staatssekretariat hatte Maritain einen Fürsprecher in der Person von René Fontenelle, Kanonikus von St. Peter und Vizepräfekt der Kongregation für die Glaubensverbreitung. Dieser versicherte ihm im Januar 1938, Kardinalstaatssekretär Pacelli sei ihm wohlgesonnen.[28] Keinen Erfolg allerdings hatte Maritain mit seinen Bemühungen, den Vatikan zu bewegen, in Spanien zur Beilegung des Bürgerkrieges und zu Gunsten eines Friedensabschlusses tätig zu werden.

8. Römische Gerüchteküche

Ob die Voraussetzungen für eine solche Vermittlung auf Seiten des Vatikans gegeben waren, mag bezweifelt werden. Der Hl. Stuhl teilte zweifelsohne Maritains Sorge hinsichtlich der militärischen Unterstützung Francos durch Hitler-Deutschland (Legion Condor), verhindern konnte er sie nicht. Für Maritain wie für Pius XI. trat zudem der eskalierende, staatlich durchgesetzte Antisemitismus in Deutschland und Österreich in den Vordergrund ihrer Befürchtungen. Auch auf diesem Gebiet erregten Maritains Stellungnahmen in Frankreich und in römischen Kreisen Aufsehen und Widerspruch. Garrigou-Lagrange, der über die Stimmung der Kurie berichten konnte, berief sich auf ein Gespräch mit einem ranghohen Kardinal. Maritains Reaktion auf römische Salon- und Vorzimmergespräche verdient festgehalten zu werden, da sie die typische römische Gerüchteküche ins Visier nimmt.

Am 11. März 1939 schrieb er Journet: „Ich habe versucht, an Garrigou-Lagrange zu schreiben. Das ist mir noch nicht gelungen. Ich empfinde zu viel Ekel, ja physische Abscheu. Diese Vorwürfe auf Grund törichten Geschwätzes und nicht verifizierter Tatsachenbehauptungen (so z.B. der Satz in meinem Vorwort zu der Publikation von Mendizabal[29], der ihn entrüstet); er vergisst einfach, dass

[28] J.-L. Barré, *Les mendiants* 445.

[29] Alfredo Mendizabal, spanischer Jurist und Universitätsprofessor, im Exil zunächst in Frankreich, dann in New York, übersetzte 1941 Maritains Buch *Integraler Humanismus*; Maritain schrieb die Einleitung zu seinem Buch über den Spanischen Bürgerkrieg *Aux origines d'une tragédie*.

ich geschrieben habe, es sei ein anderes Sakrileg, die Armen zu massakrieren im Namen der Religion; diese senile Aufmerksamkeit allen möglichen Behauptungen gegenüber, diese Auffassung von Kirche als einer Art Satrapie, wo das Runzeln von Augenbrauen eines Potentaten oder ein ‚delikates' Wort eines Kardinals in einem Salon sozusagen ein unmittelbares ‚mea culpa' nach sich ziehen müsste; diese Einstellung, die menschlicher Ehre und dem Geist des Evangeliums in gleicher Weise widerspricht und auch all dem, was sie von ihrer Kanzel herab lehren, all das kommt mir äußerst beschämend bei einem Theologen vor, der angeblich eine Spiritualität besitzen sollte. Übrigens möchte ich nicht die geringste ‚beruhigende' Versicherung abgeben, dass ich mich jetzt auf die Philosophie und spekulative Arbeiten konzentrieren werde, um nicht auf ein Versprechen oder eine Zusicherung festgelegt zu werden, künftig nicht mehr auf politische Fragen einzugehen. Es ist absurd, eine solche Zusicherung von einem Laien zu erwarten, aber auf eine Absurdität mehr oder weniger kommt es nicht mehr an. Am peinlichsten in all dem ist, dass man es mit keinem rationalen Einspruch zu tun hat, sondern mit dem puren Nichts und mit dem Hass (bei den andern) und der Angst (bei ihm, G.-L.). Deswegen frage ich mich, ob es nicht am besten sei, aus mentaler Hygiene diesen Machenschaften überhaupt keine Beachtung zu schenken, da sie die Probleme verwischen ohne irgend etwas zu erklären. Am Tag, wo sie dann verdammen oder cordovanisieren[30], wird man dann sehen; in der Zwischenzeit haben wir für den Herrn getan, was wir konnten."[31]

Angesichts der Angriffe und Gerüchte, denen er ausgesetzt war und die auch im außereuropäischen Raum kolportiert wurden, erwog er, seine Position in einer Broschüre darzulegen, die er in New York drucken ließ. Die Warnungen aus Rom jedoch ließen ihn das bereits gesetzte Manuskript zurückziehen, was mit unangenehmen Unkosten verbunden war.[32]

---

30 Mariano Cordovani (1883–1950), Dominikaner, seit 1936 päpstlicher Haustheologe; Gegner des Faschismus und Freund von Don Luigi Sturzo.

31 Maritain an Journet, 11. März 1939, *Correspondance* Bd. 2, 811*f*.

32 *Ebd.* 812.

9. Antisemitismus als Christushass

Zu den Vorwürfen, die wegen seiner Beurteilung des spanischen Bürgerkrieges gegen ihn erhoben wurden, gesellten sich solche im Zusammenhang mit seinem Kampf gegen den Antisemitismus. Es wurde behauptet, er übertreibe die innere Wesensverwandtschaft zwischen Judentum und Christentum. Hier ist eine Rückblende auf seine Einstellung zum Antisemitismus fällig.

In seinen Jugendjahren vor seiner Konversion war Maritain Dreyfusard gewesen, d.h. er hatte für den jüdischen Hauptmann Dreyfus Partei ergriffen, der, wie es sich später herausstellte, zu Unrecht der Spionage bezichtigt und 1894 verurteilt worden war.[33] Seine Heirat mit Raïssa, die jüdischer Herkunft war, verband ihn in besonderer Weise mit dem jüdischen Volk, so dass die Lektüre von Léon Bloys *Le salut par les juifs* ihn noch vor der Konversion die innere Verbindung der jüdischen Wurzeln des Christentums erahnen ließ. Léon Bloy wurde sein Taufpate. Darüber hinaus bestanden Kontakte mit Zionisten wie Absalon Feinberg, die ein Leben lang anhielten.

Die Annäherung Maritains an die Action Française, welcher sein geistlicher Ratgeber, der Dominikaner Humbert Clérissac, nahe stand, bewirkte eine Abkühlung seines Verhältnisses zum Judentum. Er übernahm jetzt die üblichen Klischeevorstellungen gegenüber dem Judentum, die in den Krisen der 20er Jahre weltweit in Schwung waren und schrieb ihm eine fatale Rolle im wirtschaftlichen Leben zu. Auch trat er im allgemeinen Interesse der Gesellschaft für einen Kampf gegen die jüdisch-freimaurerischen Geheimgesellschaften und die kosmopolitische Hochfinanz ein. In dieser Linie billigte er auch die Vorkehrungen zur Absonderung der Juden, die das christliche Mittelalter getroffen hatte.[34] Die Bekehrung Israels war für ihn die große Hoffnung jener Jahre. Er bemühte sich um die Konversion des psychisch labilen Maurice Sachs und suchte die Nähe von Konvertiten aus dem Judentum wie Max Jacob, Georges Cattaui und Jean Pierre Altermann. 1925 riet er als Mitglied eines Vereins

[33] J.- L. Barré, *Les mendiants* 50-51; 57-59; 448.

[34] *Ebd.* 450. Maritain hielt jedoch die Wiedereinführung solcher Maßnahmen in der Moderne für völlig verfehlt (vgl. *ebd.* 453*ff.*).

Frankreich-Palästina dem Papst zur Unterstützung der Zionisten, „um denjenigen, die Gottes Gnade erleuchtet", eine Rückkehr zum Lichte Jesu Christi zu erleichtern.[35]

Die entscheidende, theologisch vertiefte Hinwendung zum Judentum verdankt Maritain einem anderen Konvertiten, dem aus einer alten, kapitalkräftigen und einflussreichen Familie Alexandrias stammenden Jean de Menasce.[36] Dieser war als Mitarbeiter des Jüdischen Weltbundes in Genf 1926 zum Christentum übergetreten und 1930 Dominikaner geworden. Sein Buch *Wenn Israel Gott liebt* (1931), ein Meisterwerk chassidischer Kultur, vermittelte Maritain positive Kenntnisse des Judentums als Lebensform, als Weltsicht und als Religion.

Auf dieser Grundlage konnte er nun Position gegen den Antisemitismus beziehen, der seit 1933 in Deutschland zur Staatsdoktrin erhoben wurde. Dies führte zur Ausschaltung deutscher Bürger jüdischer Herkunft aus dem gesellschaftlichen Leben. Auch in den Nachbarländern – Frankreich nicht ausgenommen – gewann der Antisemitismus beträchtlich an Boden. Maritain spürte, dass er sich dieser Herausforderung mit ihren fatalen Folgemöglichkeiten stellen musste. 1937 veröffentlichte er das Buch *L'impossible Antisémitisme*, in dem er den Ausdruck jüdische Rasse im biologischen Sinne verwarf und, anstatt von Nation oder Volk zu sprechen, auf die Ausdrucksweise des Apostels Paulus vom „Geheimnis Israels" zurückgriff.

Die Tragödie der Geschichte Israels überschneide sich beständig mit derjenigen der Menschheitsgeschichte. Die Berufung Israels bestehe darin, Stachel im Fleische der Menschheit auf der Suche nach Gott zu sein. „Das wahre Gesicht Israels zeigt sich vor allem in seinem Sehnen nach Gerechtigkeit und seinem Streben nach Wahrheit, welches das herausragendste Zeichen der Erwählung dieses Volkes ist. Das Verlangen nach Wahrheit, auch wenn es Tod

---

35 *Ebd.* 450.

36 Pierre-Jean de Menasce (1902–1973), studierte am Balliol College in Oxford, wurde Mitarbeiter des jüdischen Weltbundes in Genf, konvertierte 1926 zur katholischen Kirche und wurde 1930 Dominikaner, 1938-48 Professor für Religionsgeschichte in Fribourg und Direktor an der École pratique des hautes études in Paris. Vgl. M. Dousse – J.M. Roessli, *Jean de Menasce* (1902–1973), Fribourg 1998.

und Untergang nach sich zieht, die Einsatzbereitschaft für die lautere und absolute Wahrheit, eine nicht auszurottende Liebe zu Unabhängigkeit und Freiheit, das Feuer der Intelligenz, die Lebhaftigkeit der Intuition und der Abstraktion. Wenn die Welt die Juden hasst, so einzig und allein, weil sie spürt, dass sie ihr in einem übernatürlichen Sinne stets fremd bleiben."[37]

10. Zuflucht Amerika

Im Herbst 1938 brach Maritain zu einer Vorlesungstournee in den USA auf. Diese Vorlesungsreise, die u.a. nach Chicago, an die University of Notre Dame, und an die Town Hall von New York führte, wurde ein großer Erfolg. Dabei lernte er eine Reihe von Persönlichkeiten kennen, auf die er sich berufen konnte, als der Gedanke an eine Emigration unausweichlich wurde.[38] Wieder nach Frankreich zurückgekehrt, hielt er am 8. Februar 1939, wenige Tage vor dem Tod von Pius XI. – er starb am 10. Februar 1939 –, in Paris einen Vortrag über die Abenddämmerung der europäischen Zivilisation.[39] Noch während des Vortrags ertönten Schreie wie „Jude", „den Juden verkauft". Der Bürgermeister von Paris verbot die Weiterführung der Vorträge. Ein antisemitischer Publizist hielt ihm vor, eine Jüdin geheiratet zu haben; sein Denken und seine Theologie seien verjudet, er sei tatsächlich das, was man in Deutschland einen „Rassenschänder" nenne. Raïssa und Jacques packte das Entsetzen. Raïssa schrieb am 22. April 1938 an Charles Journet: „Wenn das so weitergeht, so können wir nirgends mehr frei atmen. Das Antlitz der Welt ist plötzlich für mich geschändet worden. Ich gestehe es, Charles, ich möchte weg."[40]
Schließlich überzeugte der Ausbruch des Zweiten Weltkriegs Maritain endgültig davon, dass auf dem alten Kontinent keine Bleibe mehr für ihn war. Im Januar 1940 schiffte er sich mit Raïssa und ihrer Schwester Véra nach den Vereinigten Staaten ein und ließ sich in New York nieder. Zuerst logierten sie in Hotels und Pensionen;

[37] J.- L. Barré, *Les mendiants* 451ff.
[38] *Ebd.* 457ff.
[39] *Ebd.* 466f.
[40] Raïssa Maritain an Charles Journet, *Correspondance* Bd. 2, 712.

schließlich konnten sie sich ein Appartement in der Fifth Avenue beschaffen. Es wurde zu einem Mittelpunkt nicht nur der französischen Emigrantenkolonie. Hier konnte man Marc Chagall begegnen, der Nobelpreisträgerin Sigrid Undset, dem Kunsthistoriker Henri Focillon, der Philosophin Hannah Arendt, dem Soziologen Götz Briefs, dem bayerischen Psychiater Karl Stern und vielen jüdischen Intellektuellen.[41] Eifrig setzte er sich bei hohen amerikanischen Stellen für gefährdete französische Intellektuelle ein, um ihnen eine Einwanderungsbewilligung zu beschaffen.

General de Gaulle gegenüber war er zunächst misstrauisch: „Ein alter Instinkt sagt mir, dass Generäle, sogar die besten, schlechte Politiker sind (mit Ausnahme Napoleons)."[42] Seine publizistische Tätigkeit und seine Vorträge richteten sich an ein Amerika, das noch nicht im Krieg mit Nazideutschland stand; erst im Dezember 1941 traten die Vereinigten Staaten in den Krieg ein. Gleichzeitig galt es, den Widerstandsgeist in Frankreich zu stärken, die Schwächen der Regierung von Marschall Pétain in Vichy bloßzustellen und vor allem die Kollaboration mit dem deutschen Besetzer zu brandmarken. Diese verschiedenen Gesichtspunkte mussten in eine innere Schlüssigkeit gebracht werden. Das war eine Gratwanderung, die nicht von allen Angesprochenen verstanden wurde, genau so wenig, wie er selber die Vichy entgegenkommende Position der französischen Bischöfe verstand.

Im Herbst 1941 war seine anfängliche Zurückhaltung gegenüber de Gaulle gewichen. In einem längeren Brief legte er dem General seine Vision eines erneuerten Frankreichs dar.[43] De Gaulle wollte den Philosophen in London in seiner Nähe haben; dieser zog es jedoch vor, in New York zu bleiben und hier ein Zentrum französischer Intellektualität aufzubauen. Wöchentliche Radiosendungen aus Kanada, New York und London, die sogar in Lagern französischer Kriegsgefangener, ja im Konzentrationslager Buchenwald abgehört werden konnten, machten seinen Namen weit über die französische Emigration hinaus bekannt. Obwohl er sich jetzt dem

---

41 J.- L. Barré, *Les mendiants* 475ff. Vgl. auch M. Fourcade, „Jacques Maritain et l'Europe en exil (1940–1945)", in *Jacques Maritain et l'Europe*, Hrsg. B. Hubert, Paris 1996, 281-320.

42 J.- L. Barré, *Les mendiants* 481.

43 *Ebd.* 488.

General anschloss, blieben ihre Differenzen hinsichtlich eines erneuerten Frankreich bestehen. Maritain wollte, dass der General das moralische Symbol des freien Frankreich bleibe, ohne politische Ansprüche zu stellen.[44] Das war für de Gaulle zu blutleer und abstrakt. Nur ein Frankreich, das den Rechtsanspruch politischer Kontinuität erhob, könne sich im Verband der politischen Gegner Deutschlands durchsetzen. Maßgebend für seinen Anschluss an de Gaulle war, was er am 26. September 1942 dem Schweizer Freund Journet schrieb: „De Gaulle hat, unwiderruflich für sich, dem Feind und Vichy gegenüber Nein gesagt, als uns das Desaster ereilte. Er ist der Verbündete der Vereinten Nationen und kontrolliert Gebiete, die eine große Bedeutung bei kriegerischen Operationen haben, er ist die Hoffnung von Millionen von Franzosen und repräsentiert die französische Ehre."[45]
Maritain sah de Gaulle zum ersten Mal bei dessen Besuch in New York im Juli 1944. Nicht leicht fiel es ihm, dessen Bitte zu entsprechen, für das befreite Frankreich die Botschaft im Vatikan zu übernehmen. Dies bedeutete einen erneuten Aufschub für seine seit der Emigration hintangestellten Arbeitspläne. In welchem Ausmaß Maritains aktive Widerständigkeit gegenüber der Menschenverachtung totalitärer Staatssysteme freiheitlichen Elementen außerhalb von deren Herrschaftsbereichen den Rücken stärkte, kann nur vermutet werden. Im Falle seines Schweizer Freundes Journet ist dieser Einfluss deutlich belegbar.

11. Einmischung als Christenpflicht

Zwar erschwerte die geographische Distanz in den Kriegsjahren die Kommunikation, jedoch hielt sie trotz aller Behinderung unvermindert an und trug zur Überwindung einer moralischen Neutralität gegenüber den Ereignissen außerhalb der Schweiz bei. Innerhalb seiner von gewalttätigen, menschenverachtenden Staatssystemen umschlossenen Schweizer Insel setzte Journet sich für die Verbreitung von Maritains Ideen und Denkanstössen ein. Dass er

---

[44] *Ebd.* 498.
[45] Maritain an Journet, *Correspondance* Bd. 3, 267*f.*

ein offenes Ohr und eine helfende Hand für die zahlreichen Flüchtlinge hatte, denen die Flucht in die Schweiz gelang – Polen, Deutsche, Basken, Franzosen u.a. – war eigentlich selbstverständlich.[46] Nicht so selbstverständlich war es, der von ihm herausgegebenen Zeitschrift „Nova et Vetera" einen konkreten Zeitbezug zu geben und den aktuellen Fragen nicht aus dem Wege zu gehen.

Die Schweizer Neutralität und bischöfliche Direktiven an den Klerus, sich aus politischen Fragen herauszuhalten, engten den Freiraum für aufklärende Informationen gewaltig ein. Dennoch brachte Journet es fertig, zwischen 1935 und 1945 über dreißig Artikel zu aktuellen Zeitfragen zu publizieren. Darunter waren Themen wie die Neutralität, die Seele Polens und der polnische Nationalismus, das Naturrecht, das Widerstandsrecht der unrechtmäßig besetzten Länder, der Antisemitismus, die Deportation von Juden in Frankreich, der Warschauer Aufstand.[47] Hier wirkte das Beispiel Maritains, der sich nach Ausbruch des spanischen Bürgerkrieges von seinen öffentlichen Stellungnahmen durch keine Vorhaltungen abbringen ließ.

Als Journet 1941/42 mit der Schweizer Pressezensur Schwierigkeiten hatte, legte er flammenden Protest gegen das ein, was er als Verwischung des Unterschieds zwischen Gut und Böse ansah.[48] In solcher Schärfe zu reagieren war nicht möglich, als er in gleicher Sache bei seinem Bischof Anstoß erregte. Bischof Besson verweigerte ihm 1942 die Druckerlaubnis für den Artikel *Coopération*, in dem er auf Grund der in Frankreich anlaufenden Judendeportationen den Franzosen das Recht zum passiven Widerstand zugestand. Als durch und durch loyaler Kirchenmann fügte Journet sich der bischöflichen Order, hatte aber den Mut, den Artikel als Privatdruck zu verschicken.

Bischof Besson monierte in seinen Ermahnungen an Journet, er mische sich in Fragen ein, die die Schweizer nicht direkt angingen,

---

[46] Vgl. die Korrespondenz Maritain-Journet während der Kriegsjahre sowie den Katalogband zur Librairie de l'université de Fribourg *W. Egloff et la L.U.F (1934–1953)*, M. Dousse u. E. Roth (Hrsg.), Fribourg 1999, 30ff.; G. Boissard, *Quelle neutralité face à l'horreur? Le courage de Charles Journet*, Saint Maurice 2000, 271.

[47] Vgl. dazu V. Conzemius, „Christliche Widerstandsliteratur in der Schweiz 1933–1945", in *Schweizer Katholizismus*, Hrsg. V. Conzemius, Zürich 2001, 412-416.

[48] G. Boissard, *Quelle neutralité* 119*ff.*

erst recht nicht katholische Kleriker.[49] Er bezog sich dabei auf die Tugend der prudence, wobei er und Journet als gebildete Theologen sich einig waren, dass damit nicht wie heute in einer Zeit gesunkener theologischer Bildung die Vorsicht als Mutter der Porzellankiste gemeint war, sondern jene Fähigkeit handlungsgerechten Abwägens, die Josef Pieper rehabilitiert hat. Ihm ging es darum, humanitäre Aktionen, die von der Schweiz aus möglich waren, nicht zu gefährden, insbesondere die in Fribourg eingerichtete Mission Catholique, die bei Ausbruch des Ersten Weltkrieges von Bundesrat Hofmann und dem damaligen Bischof Bovet gegründet worden war und 1939 ihre Arbeit wieder aufgenommen hatte. In Verbindung mit vatikanischen Stellen besorgte sie einen Auskunftsdienst über Verschollene der kriegsführenden Mächte, organisierte moralische Betreuung und einen Paketdienst. In dieser Linie gestattete Besson dem Fribourger Diözesanpriester Abbé Albert Gross 1942, im Lager von Gurs am Fuße der Pyrenäen zu wirken, in dem auch zahlreiche aus Baden stammende jüdische Familien katholischer Konfession interniert waren. Er hatte anscheinend auch nichts gegen Vorträge einzuwenden, die Gross nach seiner Rückkehr in die Schweiz über die desaströsen Zustände im Lager hielt.

Den Begriff der Nichteinmischung legte der Bischof grundsätzlich sehr eng aus. Abschreckende Beispiele übereifriger Einmischung boten zur Zeit des Faschismus einzelne italienische Bischöfe und Priester, die für die Expansionspolitik Mussolinis Partei ergriffen. In dieser Hinsicht bestand allerdings im Schweizer Klerus keine Gefahr. Wie eng der Bischof die Nichteinmischung verstand, geht aus Korrespondenzen im Fribourger Diözesanarchiv hervor, in denen er bereits 1936 Solidaritätsbekundungen mit den in Deutschland und anderswo verfolgten Juden auswich. Hingegen lässt sich im einzelnen belegen, wie Maritain Journet zu einer erneuerten Sicht über das Judentum hinführte. Journet verdankt Maritain entscheidende Anstöße für sein Buch *Destinées d'Israël. A propos du salut par les juifs*, das 1945 erschien.[50]

---

49 *Ebd.* 143*ff*. Vgl. auch V. Conzemius, „Bilanz und Ausblick", in *Schweizer Katholizismus*, Hrsg. V. Conzemius, Zürich 2001, 662-664.

50 Vgl. Ph. Chenaux, „Charles Journet à la découverte du mystère d'Israël", in *Schweizer Katholizismus*, Hrsg. V. Conzemius, Zürich 2001, 377-398.

Journet musste als besonders verletzend empfinden, dass sein Diözesanbischof weit zurückhaltender in seinen öffentlichen Verlautbarungen zur Zeit war als die Päpste Pius XI. und Pius XII. sowie die Episkopate anderer Länder, soweit diese sich überhaupt äußern konnten. Er sah es als seine Pflicht an, für die in totalitären Staaten ohnehin zum Schweigen verurteilten Bischöfe in die Bresche zu springen und auf die Verletzung von Menschenrechten in diesen Ländern aufmerksam zu machen.

Bemerkenswert ist, dass weder er selber noch Maritain über Pius XII. klagten, dessen Verurteilung des Antisemitismus sie für eindeutig und zu diesem Zeitpunkt für ausreichend hielten. Das unmögliche Dilemma des Papstes nach Ausbruch der Feindseligkeiten des Weltkrieges würdigten sie sachlich. Journet hielt fest, dass der Papst nicht für den fehlenden Mut seiner Gläubigen einspringen könne. Moralisierendes Geplätscher in einer Angelegenheit, in der es auf handfesten, risikobereiten Mut und nicht auf Erklärungen ankam, war ihm zuwider. Lapidar erklärte er: „Es ist nicht die Aufgabe des Papstes, an Stelle der Gläubigen Mut und Intelligenz zu zeigen. Das Papsttum ist keine Diktatur."[51]

Maritain war allerdings enttäuscht, dass Pius XII. nach 1945 nicht die Gelegenheit ergriff, vor dem Hintergrund des nun offen liegenden Ausmaßes der NS-Vernichtungspolitik gegen den Antisemitismus Stellung zu beziehen und den inneren Zusammenhang zwischen Altem und Neuem Bund in einer Enzyklika zu bekräftigen. Er hätte sich gewünscht, dass der Ausdruck „perfidi Judaei" – als Sachaussage ethymologisch richtig, aber missverständlich wegen der Entwicklung des allgemeinen Sprachverständnisses – aus der Karfreitagsliturgie entfernt würde, um weitere Fehlinterpretationen auf katholischer Seite zu vermeiden. In einem langen Brief an G. B. Montini vom 12. Juli 1946 unterstrich er in Anerkennung des Eintretens Pius XII. und zahlreicher einfacher Christen für Verfolgte und Flüchtlinge die Bedeutung einer solchen Erklärung: „Überall, wo ich hingekommen bin, habe ich gespürt, dass dasjenige, was Juden und Christen am meisten brauchen, eine väterliche Stimme ist, am besten diejenige des Stellvertreters Jesu Christi. Sie soll der Welt die Wahrheit sagen und sie ins Bild setzen über das Ausmaß

[51] G. Boissard, *Quelle neutralité* 159-160.

der hinter uns liegenden Tragödie. In dieser Hinsicht besteht – erlauben Sie mir, dass ich Ihnen das sage – eine große Traurigkeit in der Welt."[52]

Journet setzte sich in der Folge, so z.B. 1947 in den Seelisberger Gesprächen der christlich-jüdischen Arbeitsgemeinschaft der Schweiz, im Sinne Maritains für den jüdisch-christlichen Dialog ein. Seine Aufsätze der Kriegsjahre in „Nova et Vetera" arbeitete er in ein systematisches Kompendium christlicher Politik ein (Exigences chrétiennes en politique, Paris 1945). In der Stunde Null deutscher Geschichte und auch später fand es in Deutschland keine Beachtung.

[52] Brief von J. Maritain an G.B. Montini (12. 7. 1946), *Correspondance* Bd. 3, 917-920. Vgl. auch P. Viotto, „I Papi nella riflessione maritaniana: da Leone XIII a Giovanni XXIII", in *Maritain, i Papi e il Concilio Vaticano II*, Hrsg. G. Galeazzi, Milano 2000, 158-165.

Thomas von Aquin im Gespräch mit Jacques Maritain

Überlegungen zu J. Maritains Philosophie im Licht seines Meisters

Florent Gaboriau

1. Einleitung

Der Promotion eines Priesters der Erzdiözese Freiburg ist es zu verdanken, dass die Ausstellung über den französischen Philosophen erstmals den Rhein überschritten hat.[1] Diese Ausstellung war unter dem Titel „Die großen Freundschaften" bereits in mehreren Städten zu sehen. Aus diesem Grund ist es um so erfreulicher, dass die Initiative, die Ausstellung auch jenseits des Rheines zu präsentieren, vielfältige Unterstützung erfuhr. Dies geschah vor allem durch die Schirmherrschaft, die der Erzbischof des Organisators, Dr. Oskar Saier, und der Erzbischof von Straßburg, Msgr. Joseph Doré, übernommen haben. Dazu zählen auch das Centre Culturel Français sowie die Stadtbibliothek Karlsruhe, welche die Ausstellung ermöglicht haben. So konnten erstmals auch das Leben des jungen Maritain in Heidelberg (1906–1908) veranschaulicht und seine vielfältigen Kontakte und Briefwechsel mit deutschen Persönlichkeiten präsentiert werden. Auch in der Presse fand die Veranstaltung ein erfreuliches und durchaus berechtigtes Echo, so dass auch eine weitere Rezeption des französischen Kosmopoliten nicht unrealistisch zu sein scheint.[2]

---

[1] Vgl. B. Ritzler, *Freiheit in der Umarmung des ewig Liebenden. Die historische Entwicklung des Personverständnisses bei Jacques Maritain*, Bern 2000.

[2] Vgl. *Die Tagespost* 132 (4. 11. 2000) 6: „So lädt *Jacques Maritain – Kosmopolit des 20. Jahrhunderts* zu einer kritischen Auseinandersetzung mit dem Werk eines Mannes ein, der kurz nach der Jahrhundertwende zu einer langen Suche nach seiner eigentlichen Bestimmung aufbrach." Vgl. auch *Die Welt* 263 (14. 11. 2000) 34 sowie *Badische Neueste Nachrichten* 280 (4. 12. 2000) 8.

Die beiden folgenden Teile geben das Exposé wieder, das die Hinführung zur Diskussionsrunde bildete, mit der die Ausstellung abschloss. Es ist kein Vortrag im eigentlichen Sinn, sondern bildet einen Essay – einen Versuch – in Anlehnung an die Dialoge des Platon, um unsere Gedanken anschaulich zu machen. Maritains bleibende Aktualität sollte vertieft und zugleich sollte auch die Erinnerung an einen „hier schon in Vergessenheit geratenen Philosophen“[3] aufgefrischt werden. Der letzte Teil enthält weiterführende Gedanken, die an anderer Stelle präsentiert wurden.

2. Philosophische Anfragen

Maritain umschreibt seinen geistigen Werdegang als Weg *Von Bergson zu Thomas von Aquin*[4]. Bei diesem schwierigen Unterfangen stand ihm seine Frau Raïssa treu und hilfreich zur Seite.[5] Ihr Beitrag erinnert an eine andere Frau, nämlich an Edith Stein, die sich ebenso aufmachte, um eine Verbindung ähnlicher Tragweite herzustellen, nämlich zwischen Edmund Husserl und Thomas von Aquin. Von Stein stammt die Idee, die erste Begegnung besagter Denker in einen Dialog zu kleiden. Dieses Beispiel wollen wir aufgreifen und eine mögliche Begegnung zwischen dem heiligen Thomas und demjenigen seiner Schüler, um dessen Verdienste es hier geht, auf solche Weise präsentieren.
Da diese Hinführung nur eine Schneise für eine mögliche Vertiefung schlagen soll, wird es für den Anfang genügen, Fragen zu formulieren, die der Meister mit Sicherheit an seinen Schüler richten würde. Gewiss wäre Maritain dabei um Antworten nicht verlegen, doch möchten wir diese der weiteren Diskussion wie auch dem Denken des Lesers überlassen. So folgen nun drei Fragen aus dem Bereich der Philosophie und drei weitere aus dem Bereich der Theologie. Die erste Frage, die Thomas voraussichtlich an Maritain richten würde, bezieht sich auf die sogenannte Naturphilosophie. Sie könnte ungefähr so lauten: „Lieber Jacques, du hast immer die

3 B. Ritzler, *Freiheit in der Umarmung* 1.
4 So der Titel eines der großen Werke von J. Maritain, vgl. ŒC Bd. VIII.
5 J. Maritain, *Carnet de notes*, ŒC Bd. XII, 131.

sogenannte Naturphilosophie von der Naturwissenschaft scharf getrennt. Du hast dich ein Leben lang sehr stark für eine solche Unterscheidung eingesetzt. Bei aller Bewunderung für deine Standhaftigkeit in dieser Angelegenheit habe ich allerdings einen Vorbehalt. Zwar ist die erwähnte Unterscheidung ein fester Bestandteil der scholastischen Tradition, aber wie konnte es dir entgehen, dass solch eine Unterscheidung mit meinen Texten nicht zu vereinbaren ist?"

Die zweite Frage betrifft die Metaphysik. Thomas würde wohl fragen: „Du betrachtest die Metaphysik als das höchste Niveau des Denkens, und dem kann man nur zustimmen. Es trifft zu, dass diese Disziplin bei mir mit drei verschiedenen Begriffen belegt wurde (sortitur tria nomina), von denen jeder einen wichtigen Aspekt zum Ausdruck bringt: als Metaphysik, als erste Philosophie (oder als erste Wissenschaft) sowie als göttliches Wissen (und damit als Theologie).[6] Die Frage müsste aber lauten: Wie kommt man zu dieser einen Disziplin? Du forderst als unentbehrlichen Ausgangspunkt der Metaphysik eine sogenannte Intuition des Seins, und es ist sicherlich etwas Wahres daran. Dein Kollege E. Gilson hat dagegen eingewendet, dass ich nie von einem solchen Ansatz sprach, was auch stimmt. Ist also der Einstieg in die Metaphysik durch die Seinsintuition (oder die ‚poetische Erfahrung' oder ein Erlebnis der natürlichen Mystik) zutreffend dargestellt? Sollte nicht eher von der Sache her (meta-physica – über die anderen Wissenschaften hinaus) die unabdingbare Frage nach dem Seienden als Grundvoraussetzung gelten?"

Die dritte grundlegende Frage betrifft, im Gefolge der zwei vorausgehenden, die Unterscheidung und den inneren Zusammenhang der verschiedenen Erkenntnisstufen. Von Maritain stammt ein Werk mit dem programmatischen Titel *Les Degrés du Savoir – Die Stufen des Wissens*.

Die Anfrage des Aquinaten dazu könnte lauten: „Verehrter Jacques, immer wieder sprichst du von den Stufen des Wissens. Das imposante Buch, das du mit diesem Titel versehen hast, ist auf alle Fälle

[6] Thomas von Aquin, *InMet*, Procemium: „Metaphysica in quantum considerat ens et ea quae consequuntur ipsum. […] Prima philosophia (aut scientia) in quantum primas rerum causas considerat. […] Scientia divina sive theologia."

ein großartiges Werk für seine Zeit gewesen und bleibt auch heute wichtig. Nichtsdestoweniger kann man sich fragen, ob mein Gedankengang dabei getreu wiedergegeben wird. Anlässlich meines Kommentars über Boethius habe ich nämlich eine eigene *quaestio* mit der Überschrift *De divisione speculativae scientiae* verfasst. Dort ist ein wichtiger Satz zu lesen, der vielleicht nicht genügend Beachtung fand: ‚Die Wissenschaften unterscheiden sich durch ihre Frageweise und ihren Gegenstand.'[7] Das heißt mit anderen Worten: Die Unterscheidung der Wissenschaften hängt mit einer feinen Unterscheidung der Dinge selbst zusammen. Also nicht umgekehrt, als würden die Abstraktionsstufen bzw. die Akte der Erkenntnis die Gliederung der Wissenschaften bestimmen. Das mag zunächst genügen. Lass uns jetzt zu solchen grundlegenden Fragen übergehen, die nicht allein zum philosophischen Bereich gehören, sondern in epistemologischer Hinsicht auch innerhalb der Theologie auftauchen."

3. Theologische Anfragen

Nach den philosophischen Anfragen soll nun der Blick auf die Theologie gerichtet werden. Die erste Frage aus diesem Kontext betrifft ihre Natur. Über sie hat das ganze letzte Jahrhundert viel nachgedacht, so dass auch Maritain an ihr nicht vorbeikam. Er stimmt in diesem Punkt mit seinem Freund Charles Journet auf eine Weise überein, die uns heute überrascht. Doch wird man dem Gegenstand der Theologie gerecht, wenn man dem Glauben das Terrain des Offenbarten (revelatum) und der Theologie den Bereich des zu Offenbarenden zuweist (revelabile)?
Thomas könnte also folgende Frage stellen: „Jacques, in deinem Briefwechsel mit Journet war die Unterscheidung zwischen Glaube und Theologie für dich selbstverständlich. Diese Grenze wurde aber deutlich verwischt, indem du *revelatum* auf den Glauben und *revelabile* auf die Theologie bezogen hast.[8] Das macht mich stutzig. Denn der Unterschied zwischen beiden Begriffen liegt ebenso

[7] Thomas von Aquin, *In Boethio*, q. 5, a. 1 : „Scientiae dividuntur quemadmodum et res."
[8] Vgl. P. Mamie – G. Cottier (Hrsg.), *Correspondance Journet – Maritain 1930–1939*, Fribourg-Paris 1997, Bd. 2, 21.

deutlich auf der Hand wie zwischen ‚geliebt' und ‚liebenswürdig' oder ‚aktuell' und ‚potentiell'. Außerdem findet sich in meinen Werken keinerlei Hinweis auf eine derartige Unterscheidung. Wie du weißt, gehört zur Theologie das *revelatum* ebenso wie das *revelabile*. Oder steht hinter diesen Überlegungen die Grundfrage, ob der Glaube der Theologie vorausgeht, oder ob umgekehrt die Theologie (Gottes Wort) die Quelle des Glaubens ist? Ist also der Glaube vorrangig oder die Theologie?"
Die zweite Frage dreht sich um das tiefere Verständnis des Glaubens, den *intellectus fidei*. Man geht einstimmig davon aus, dass der heilige Thomas mit dieser Formel die Theologie definiert. Doch wenn man dies etwas näher betrachtet, könnte man zu dem Urteil kommen, dass er sie bewusst vermeidet.
Thomas könnte also fortfahren: „An meine erste Frage, werter Jacques, schließt sich unmittelbar die zweite an. Sie betrifft nicht mehr das Verhältnis zwischen Glauben und Theologie, sondern das Selbstverständnis der Theologie. Wenn man voraussetzt, dass die Theologie Quelle des Glaubens ist, also mehr als nur Interpretation des Glaubens, dann stellt sich die Frage: Wo liegt diese Quelle und worin besteht sie? Erstaunlicherweise wird sie von unseren Theologen nicht genannt. Sie reden immer wieder von einem *intellectus fidei*, übersehen dabei aber, dass ich diesen Ausdruck nie gebrauche. Sie klammern sich an ein Prinzip, das nicht mein Prinzip ist, und niemand nimmt Anstoß daran, dass nichts anderes erwähnt wird in einer angeblich thomasischen Definition als eben nur der ‚Glaube'. So lese ich bei Peter Eicher: ‚Thomas denkt Theologie als Glaubenswissenschaft in Analogie zum Wissenschaftsmodell des Aristoteles: An die Stelle der evidenten Prinzipien tritt für die Glaubenswissenschaft die nur Gott evidente, uns aber geoffenbarte Wahrheit.'[9] In dieser Definition vermisse ich gerade das, was ich für ausschlaggebend halte, nämlich das unentbehrliche ‚Wort Gottes', und das ist eben die heilige Schrift."
Die dritte Frage mag vielleicht noch mehr überraschen als die beiden ersten. Sie bezieht sich auf die Formel *sola scriptura*, die man allgemein Martin Luther zuschreibt. Es wäre interessant zu sehen,

[9] P. Eicher, *Theologie. Eine Einführung in das Studium*, München 1980, 103.

wie Maritain reagieren würde, wenn er sie bei Thomas entdeckte. So könnte der heilige Thomas also bemerken:

„Mein lieber Jacques, meine allerletzte Frage für heute ist dreiteilig:

a) Wieso ist der Begriff der *sacra doctrina* von dir und deinen Zeitgenossen unberücksichtigt geblieben? Oder warum wird er von dir – nach dem Urteil einiger Fachleute – zweideutig, zwiespältig oder ungreifbar verwendet?

b) Wieso ist es dir oder deiner Umgebung nicht aufgefallen, dass die als Charakteristikum Luthers geltende Formel *sola scriptura* zum ersten Mal nicht bei ihm zu finden ist, sondern viel früher in unumstritten katholischen Texten?

c) Warum nimmt die jetzige Theologie nicht davon Kenntnis, dass ich selbst, Thomas, diese ketzerisch anmutende Formel ausdrücklich formuliert habe? Ist Angst dabei am Werk, oder ist man zu träge, sich an ein begrüßenswertes Umdenken heranzuwagen?"

Könnte auf diese Fragen hin ein Dialog wirklich stattfinden, würde er ohne Zweifel einen bedeutenden Erkenntnisfortschritt bewirken. Wir als Zeugen dieses Ereignisses würden nicht nur tiefer in Maritains Denken eindringen, sondern uns auch dem des *doctor communis* noch besser annähern. So würde Thomas unserem fiktiven Dialog, an uns gewandt, wohl hinzufügen:

„Sehen sie bitte in dieser kurzen Einleitung nichts anderes als einen gutgemeinten Versuch, im Geiste von Maritain den Fortschritt anzuregen und die weitere Forschung zu fördern (was sicher der Erwartung einer wissbegierigen Jugend entspricht). Die Erwähnung von drei Stichworten in der Philosophie (Naturwissenschaft, Metaphysik, Stufen des Wissens) und von drei weiteren in der Theologie (Vorrang des Wortes Gottes sowie Klärung der Formeln *sacra doctrina* und *sola scriptura*) könnte den Eindruck erwecken, dass nach der Lektüre von Maritain die Lektüre seines Meisters noch für manche Überraschungen sorgt. Dabei erwarten wir nun, wie gesagt, mögliche Hinweise – von Ihrer Seite – auf die vermuteten Antworten unseres angesprochenen großen Philosophen. Dadurch wird seine Aktualität freilich nur noch deutlicher zu Tage treten."

4. Klärungen

Jeder Punkt, der in den vorausgehenden Abschnitten angesprochen wurde, lädt zu Vertiefungen ein. Denn die prägnanten Fragen lassen erahnen, dass ein gewisser Klärungsbedarf besteht. Während bislang nur der *status quaestionis* erwähnt wurde, wäre nun eine eingehendere Untersuchung der angedeuteten Perspektiven wünschenswert. Um eines Erkenntnisfortschrittes willen wäre es angemessen, eine eindeutige Position zu beziehen. Aus diesem Grund soll nun etwas detaillierter auf die einzelnen Problemfelder eingegangen werden. Unsere Absicht ist dabei nicht die erschöpfende Behandlung der aufgezeigten Fragen, sondern das Bemühen, den Hintergrund unserer Grundfragen zu dokumentieren, um von da aus einen Fortschritt in der Forschung zu ermöglichen. Die folgenden Ausführungen wollen daher eine Orientierung für künftige Diskussionen bieten.

a) Erwägungen zur Naturphilosophie

Maritain hat zeitlebens an der Bedeutung der Naturphilosophie, die er epistemologisch von den Naturwissenschaften unterschied, festgehalten. Bevor er sich der Philosophie zuwandte, hatte er selbst ein Biologiestudium absolviert. Ihm blieb davon ein „Gefallen an den experimentellen Wissenschaften"[10], wie er dankbar anerkennt. Hat jedoch sein intellektueller Werdegang nach seiner Konversion nicht dazu geführt, dass er sich ohne eine angemessene Differenzierung einer Tradition anvertraute und damit die intellektuellen Klassifikationen übernahm, wie sie seine scholastisch geprägte Umgebung gebrauchte? Er stimmte dieser Ansicht wohl zu, wenn er schreibt:

> Hinsichtlich der Ordnung, die in diesem Handbuch für die Darlegung der verschiedenen Teile der Philosophie benutzt wurde, [...] glaubten wir, dem Beispiel von P. Hugon und P. Gredt folgen zu müssen. Damit wurde die Allgemeine Metaphysik oder Ontologie nach der Naturphilosophie und der Psychologie angesiedelt.[11]

[10] J. Maritain, *Antimoderne*, ŒC Bd. II, 927.
[11] J. Maritain, *Éléments de philosophie*, ŒC Bd. II, 13*f*.

Diese Tradition gibt einstimmig die Legitimität einer Naturphilosophie zu, die der Metaphysik vorausgeht. So unterstreicht auch J. de Tonquédec am Vorabend des Konzils „den tiefen und unüberbrückbaren Unterschied zwischen den Wissenschaften und der Naturphilosophie"[12]. Sein Buch wurde von M. Lethielleux verlegt. Dessen Sohn war zwei Jahre später einer der Vertreter der *Nouvelle Initiation Philosophique*. Sie war ein erster katholischer Versuch, der die Abschaffung der selbsternannten Naturphilosophie zunächst befürwortete und schließlich auch umsetzte. Dies war möglich geworden – wie wir noch sehen werden – durch eine Umdefinierung der Metaphysik.
Um Maritains Meinung herauszuarbeiten, mag ein Hinweis auf die wichtigsten Stellen seiner Hauptwerke genügen.[13] Zwar drückt das Werk *Der Bauer von der Garonne* kein Abweichen seiner Haltung aus, doch scheint darin zumindest das Wissen um die Problematik auf:

> Die thomistische Philosophie leidet gegenwärtig an einem großen Mangel. Sie hat sich noch keine neue Naturphilosophie erarbeitet, die doch ein unentbehrlicher Bestandteil ihrer selbst ist. [...] Was den Thomismus betrifft, so müsste seine Naturphilosophie seit langem umgearbeitet werden. Diese Aufgabe – ein Jugendtraum von mir – ist sicher nicht unlösbar, aber im höchsten Grad schwierig.[14]

Maritains Traum hat sich zwar nicht erfüllt, aber er hat ihn auch nicht aufgegeben. Er fährt in aller Deutlichkeit fort:

> Wenn eine thomistische Philosophie eines Tages Gestalt gewinnt, wie ich hoffe, dann nur, wenn sie sich des Unterschiedes [zwischen Naturwissenschaft und Naturphilosophie] bewusst ist. Nur so und auf Grund einer solchen Unterscheidung kann eine (im

[12] J. de Tonquédec, *La Nature en général. Prolégomènes*, Paris 1956, 73f.
[13] Vgl. J. Maritain, *Les Degrés du Savoir*, ŒC Bd. IV, 520-529 ; *La Philosophie de la Nature*, ŒC Bd. V, 819-968; *Quatre essais sur l'esprit dans sa condition charnelle*, ŒC Bd. VII, 197-279.
[14] J. Maritain, *Le Paysan de la Garonne*, ŒC Bd. XII, 853 bzw. *Der Bauer von der Garonne*, München 1969, 146.

> Vergleich zu Thomas und seiner Zeit) völlig erneuerte Naturphilosophie entstehen; das ist noch wichtiger als die Einbeziehung und freilich auch als die Verwandlung des völlig neuen wissenschaftlichen Materials. Sie wird allerdings dieselben philosophischen Gesichtspunkte beibehalten müssen.[15]

Allerdings gibt Maritain auch offen zu, was er von der gegenwärtigen Naturphilosophie hält und mit welchen Schwierigkeiten sie zu kämpfen hat:

> Wenn die thomistische Naturphilosophie umgestaltet werden muss, dann nicht nur, weil die Naturwissenschaft, mit der sie verbunden war, nichts mehr taugt, sondern auch und zunächst, weil diese Art von Verbindung nicht mehr möglich ist. Im Lauf der letzten drei Jahrhunderte hat die Naturwissenschaft in Bezug auf die Philosophie ihre volle Autonomie erobert, und das macht die Notwendigkeit jener Umgestaltung nur noch brennender.[16]

Maritain geht weiterhin davon aus, dass es eine Verbindung zwischen beiden Bereichen braucht, dass also die *Wissenschaft* der Physik des Geleits einer *Philosophie* bedarf, die mit ihr eine besondere „Liaison" eingeht. Eine Bindung, die gegenwärtig zwar „nichts mehr taugt", von der allerdings noch so viel Nostalgie bleibt, dass man im voraus bereits ihre theoretische Rechtfertigung betreibt. Die erstgenannte Wissenschaft würde demnach die phänomenologische Erkenntnis liefern, die zweite hingegen das ontologische Wissen. Heutzutage führt die Untersuchung einer solchen Vorstellung den Leser hoffentlich nicht nur dazu, sich eingehender mit den Texten des Aquinaten zu befassen, sondern ebenso zu einer Umdefinierung der Metaphysik. Die Grundentscheidung zugunsten einer „Naturphilosophie", die sich von den „Naturwissenschaften" abgrenzt, schlägt sich auch im Verständnis der Metaphysik nieder. Denn diese braucht sich dann nicht mehr mit der Natur zu beschäftigen. Maritain schreibt dazu:

---

[15] *Ebd.* 854f. bzw. *Der Bauer von der Garonne* 147.
[16] *Ebd.* 1029. bzw. *Der Bauer von der Garonne* 264f.

> Die Metaphysik, so P. Hugon, behandelt die schwierigsten Gegenstände, nämlich diejenigen, die *nichts Materielles mehr an sich haben*. Freilich fordert die Naturordnung, dass wir vom Konkreten und sinnlich Wahrnehmbaren ausgehen, um uns dann zum Abstrakten und Unsichtbaren aufzuschwingen. Darum muss die Naturphilosophie der Metaphysik vorausgehen.[17]

Diese Idee ist allgemein verbreitet. So kann man auch bei L. Elders lesen: „Die Naturphilosophie [...] dient der Vorbereitung der Metaphysik."[18] Ist auch Thomas von Aquin dieser Ansicht, wenn er schreibt: „Die Physik ist freilich ein gewisser Teil der Philosophie"[19]? Die Antwort hängt ganz vom Verständnis der *philosophia* ab. *Philosophia* ist für ihn ein Synonym für *scientia*. Also ist die Physik „ein Teil der Wissenschaft", wie es auch für die Mathematik gilt. Und den dritten Teil bildet die Metaphysik, die sich ebenfalls als Wissenschaft (*scientia*) oder Philosophie versteht. Alle drei bilden zusammen die *disciplinae philosophicae*, um die es im ersten Artikel der *Summa* des Aquinaten geht.
Vor diesem Hintergrund wäre es Thomas niemals in den Sinn gekommen zu schreiben: „Wir befinden uns zwei verschiedenen Klaviaturen gegenüber."[20] Und ebenso wenig stammt von ihm die Aussage:

> Wir können in dieser *physica* zwei Arten, zwei Bereiche von Wissenschaft unterscheiden: Die Wissenschaften der Konstatierung, also vor allem induktive Wissenschaften, die wir auch als empirische Wissenschaften der sinnenfälligen Natur bezeichnen können; daneben gibt es eine Wissenschaft des körperlichen Seins, die im eigentlichen Sinne explikativ ist, nämlich die Philosophie der sinnenfälligen Natur.[21]

Für Thomas stellt sich dieser Sachverhalt viel einfacher dar: „Die Naturwissenschaft richtet sich auf die Bewegung (bzw. Verände-

---

[17] J. Maritain, *Éléments de Philosophie* 14.
[18] L. Elders, „Sciences naturelles et philosophie de la nature", *Nova et Vetera* (Juli-Sept. 1989) 207.
[19] Thomas von Aquin, *InMet*, 593: „Physica enim est quaedam pars philosophiae."
[20] J. Maritain, *Le Paysan de la Garonne* 854f.
[21] J. Maritain, *Les Degrés du Savoir* 338.

rung)."[22] Er präzisiert: „Zur Wissenschaft der Physik gehört es, das zu betrachten, was in der beweglichen Substanz geschieht."[23] Und an anderer Stelle: „Das bewegliche Sein ist der Gegenstand der Naturphilosophie."[24]

Offenbar werden die Begriffe *naturalis philosphia* und *naturalis scientia* synonym gebraucht. Das wird auch daran sichtbar, dass ihr Gegenstand identisch ist: „So zeigt sich, dass sich die Naturwissenschaft auf das bewegliche Sein erstreckt."[25] Man findet seltsamerweise keine Spur von dem, was Maritain behauptet: „Auf der ersten Stufe der Abstraktion begegnen wir zwei verschiedenen Erkenntnisweisen, nämlich einem Wissen ontologischer Art, der *Naturphilosophie*, sowie einem empirischen Wissen, den *Erfahrungswissenschaften*."[26]

b) Zur Natur der Metaphysik

Immerhin sind sich alle darin einig, dass das „Sein" das eigentliche Objekt der Metaphysik ist. Doch auch dabei wird nicht genügend darauf geachtet, dass dies nicht der Vorstellung des Thomas von Aquin entspricht. Denn er sieht nicht das Sein (*esse*), sondern vielmehr das Existierende (*ens*) als Materialobjekt: „Diese **Wissenschaft** betrachtet das Seiende als Seiendes."[27] Aus diesem Grund untersucht er das *ens* in seiner Ganzheit, also auch im Hinblick auf seine Akzidentien. Er schreibt: „Die erste Wissenschaft, deren Aufgabe es ist, sich mit dem Seienden als Seiendem zu beschäfti-

---

22 Thomas von Aquin, *InMet*, 212 : „Scientia naturalis circa motum versatur."

23 Vgl. *ebd.* 398: „Ad scientiam naturalem pertinet considerare accidentia substantiae mobilis."

24 *Ebd.* 1155: „Ens mobile est subjectum naturalis philosophiae." Vgl. auch *ebd.* 2427: „Substantiae sensibiles, sive sint corruptibiles sive perpetuae, pertinent ad considerationem **naturalis philosophiae quae determinat de ente mobili**. [...] Et ideo **naturalis scientia** considerat solum de substantiis sensibilibus, inquantum sunt in actu et in motu."

25 *Ebd.* 1155: „Sic patet quod *naturalis scientia* est circa [...] ens mobile." Vgl. auch *ebd.* 375: „In scientia naturali quae est de rebus mobilibus." Oder *ebd.* 593: „Ens mobile de quo considerat philosophia naturalis."

26 J. Maritain, *Les Degrés du Savoir* 512.

27 Thomas von Aquin, *InMet*, 384: „Ista scientia considerat ens in quantum est ens." Vgl. *ebd.*: „Haec scientia est considerativa entis." Oder auch *ebd.* 398: „*Prima scientia* ad quam pertinet considerare de ente in quantum est ens, pertinet considerare de substantia inquantum est substantia."

gen, erstreckt sich auf die Betrachtung der Substanz als Substanz [...] und infolgedessen gehört zu ihr auch die Untersuchung der allgemeinen Akzidentien der Substanz."[28] Damit wird nichts von alledem, was existiert, von ihr ausgeschlossen:

> Dem Seienden kommt es zu, gewissermaßen über das Sein zu verfügen. Das gilt freilich nur für die Substanz. Akzidentien werden die Seienden genannt, die nicht [aus sich] sind, sondern dadurch, dass durch sie etwas geschieht. [...] Darum werden sie nicht als einfache Seiende bezeichnet, sondern als Seiende eines Seienden, wie z.B. eine Qualität, Bewegung oder Veränderung.[29]

Die Wissenschaft der Metaphysik erstreckt sich also auf alle Bereiche, auf Substanz und Akzidens.[30] Zugleich ist sie eine universale Wissenschaft, deren Ausgangspunkt das Seiende, das *ens* ist. Um auf Maritain zurückzukommen: Er erörtert die Wirklichkeit, als ob sie aus drei getrennten Ebenen bestünde. Er unterscheidet zwischen der körperlichen Welt (Naturphilosophie), dem Menschen (Psychologie) sowie dem Sein, insofern es ist (esse in quantum est, also der Metaphysik).[31]

Der heilige Thomas hingegen versteht die drei Erkenntnisstufen anders: Für ihn gibt es die Physik „als gewissen Teil der Philosophie"[32]. Aber es gibt auch einen anderen Teil der „Philosophie" (i.S. von *scientia*), den man mit *Mathematik* umschreibt. Wegen der größeren Abstraktion ist diese Wissenschaft nicht nur sicherer, sondern auch „edler", da sie von der Bewegung und der Materie

---

[28] *Ebd.* 398: „*Prima scientia* ad quam pertinet considerare de ente in quantum est ens, pertinet considerare de substantia inquantum est substantia [...] et per consequens ad eam pertinet considerare *communia accidentia* substantiae." Vgl. *ebd.* 531: „Necessitas huius scientiae quae speculatur *ens et per se accidentia entis* ex hoc apparet."

[29] *Ebd.* 2419: „Ens dicitur quasi *esse habens*. Hoc autem solum est substantia; accidentia autem dicuntur entia non quia sunt, sed quia magis ipsis aliquid est [...] ideo non dicuntur simpliciter entia sed entis entia sicut qualitas et motus."

[30] Vgl. *ebd.* 2155: „Substantias et accidentia considerat in quantum conveniunt in *ente* quod est eius *subjectum*."

[31] Vgl. J. Maritain, *Éléments de philosophie* 13.

[32] Thomas von Aquin, *InMet*, 593.

abstrahiert.[33] Nicht zu vergessen ist schließlich die Grundlage des Vorausgegangenen, die sogenannte „erste" und abstrakteste Wissenschaft, nämlich die Metaphysik.

Im Frühling 1927 schickte Maritain ein Programm an Gilson, um ihn zur Mitarbeit in einer „Gesellschaft für Naturphilosophie" zu bewegen. Bereits im ersten Artikel der vorläufigen Statuten findet sich eine bezeichnende Aussage. Dort werden die Mitglieder dazu angehalten, „die jeweiligen Grenzen zwischen den einzelnen Wissenschaften und der Philosophie aufzuzeigen"[34]. Dabei handelt es sich um eine sehr weitreichende Vorentscheidung in diesem Bereich. So scheint es, als ob das Verständnis Maritains zwei Teile der Physik unterscheidet: „Diese zwei Wege des Verständnisses von Begriffen und Definitionen begründen und rechtfertigen zwei Arten von Analyse der sinnenhaften Wirklichkeit: Den ontologischen Typ, der auf das intelligible Sein ausgerichtet ist, und den empirischen oder raum-zeitlichen Typ, der auf das Beobachtbare und Messbare als solches abzielt."[35] Gilson hingegen bleibt seinem Vorsatz treu und setzt unbeirrt seinen Weg fort. In seiner Antwort vom 4. April 1927 schreibt er: „Ich habe den festen Vorsatz gefasst, mich in meinem Leben nicht zu verzetteln. Ich kenne zu viele Beispiele von Werken, die sich durch einen exzessiven guten Willen ihrer Autoren selbst zerstören."[36]

c) Zum Verhältnis von Theologie und Schrift

Aus dem Gesagten ergeben sich auch Konsequenzen für die Theologie, die Jacques Maritain als Christ natürlich nicht vernachlässigen konnte. Entscheidend ist hierbei das Verständnis der Grundbegriffe. Dabei geht es um die Natur der Theologie, des Glaubens sowie um die Rolle, die der Heiligen Schrift zukommt. Man kann

---

[33] Thomas von Aquin, *InMet*, 375: „In scientiis mathematicis quae abstrahunt a materia et motu. [...] In mathematicis quae sunt nobilissimae et certissimae scientiae."

[34] G. Prouvost (Hrsg.), *Étienne Gilson – Jacques Maritain. Deux Approches de l'être, Correspondance 1923–1971*, Paris 1991, 36.

[35] G. Brazzola, „Du renouvellement de la philosophie de la nature", *Nova et Vetera* (Juli–Sept. 1987) 217.

[36] G. Prouvost, *Étienne Gilson – Jacques Maritain* 38f.

bei Maritain die Unterscheidung zwischen Glaube als *revelatum* und Theologie als *revelabile* finden. Bei seinen Reflexionen stützt sich Maritain auf seinen geistigen Mitstreiter, den Theologen und späteren Kardinal Charles Journet. Nach ihm entfaltet die Theologie das weiter, was der Glaube prinzipiell bereits enthält. Allerdings wird diese Vorstellung bereits zehn Jahre später als überholt gelten. M.-J. Congar schreibt dazu:

> Es hieße dem Denken des hl. Thomas etwas hinzuzufügen, wenn man ihm Folgendes unterstellt: Das Objekt der Theologie besteht darin, mit Hilfe der Vernunft aus den alten Offenbarungswahrheiten *neue* Schlussfolgerungen abzuleiten. Wir haben gesehen, dass für Thomas die wissenschaftliche Qualifikation der Theologie nicht aus der Deduktion von *neuen* Wahrheiten besteht, sondern aus der vernünftigen Konstruktion der christlichen Lehre durch eine Verbindung zwischen Konklusionen und Prinzipien der Wahrheiten.[37]

Aber ist nicht auch das schon ein „Zusatz" zum Denken des hl. Thomas? Wäre er nicht erstaunt zu hören, dass die Wissenschaftlichkeit der Theologie auf der „vernünftigen Konstruktion der christlichen Lehre durch eine Verbindung zwischen Konklusionen und Prinzipien der Wahrheiten" beruht? Handelt es sich dabei nicht um eine kaum verbesserte Version dessen, was man zuvor als etwas zu Vermeidendes hervorgehoben hatte? Das, was viele Geister bei ihrer Lektüre des hl. Thomas auf den falschen Weg führt, ist der Primat, den sie dem Glauben zuweisen. Damit verdrängen sie in ihrem System die Kenntnis der Heiligen Schrift, die der *doctor communis* an die erste Stelle setzte. Diese Vorstellung geht den üblichen Definitionen von Theologie ab. Zwei oder drei Beispiele aus dem deutschen Sprachraum mögen das verdeutlichen:

> Thomas denkt Theologie als Glaubenswissenschaft in Analogie zum Wissenschaftsmodell des Aristoteles: An die Stelle der evidenten Prinzipien tritt für die Glaubenswissenschaft die nur Gott evidente, uns aber geoffenbarte Wahrheit.[38]

---

[37] M.-J. Congar, *Bulletin Thomiste* 5 (1938) 500.
[38] P. Eicher, *Theologie. Eine Einführung* 103.

Davon unterscheidet sich auch die Ansicht eines anderen Theologen nicht wesentlich:

> So entsteht Theologie aus dem Glaubensbewusstsein und aus dem Wahrheitsgewissen des Individuums heraus – eines Individuums, das seine emanzipatorisch gewonnene Mündigkeit in Institutionenkritik zu bewähren und zu bewahren trachtet.[39]

Schließen wir mit Heidegger, dessen Aussage eine weitere gängige Meinung widerspiegelt: „Die Theologie als Glaubenswissenschaft, also des Glaubens im Sinne eines Seinsmodus, der an sich geschichtlich ist, ist in ihrem innersten Kern eine historische Wissenschaft."[40] Gewiss ist die Glaubenswissenschaft historisch, aber Heidegger übergeht in Übereinstimmung mit seiner Umgebung, dass sie von der Heiligen Schrift abhängt. Die Theologie definiert sich einmal mehr, auch bei ihm, durch den Gläubigen: „Wir haben den Glauben als das wesentliche Konstitutivum der Christenheit charakterisiert."[41] Darum ist der Glaube „begriffliche Interpretation der christlichen Existenz"[42].
Die aufgezeigte Situation stellt sich in Frankreich nicht anders dar als in Deutschland. Auch westlich des Rheins ist man der Überzeugung, dass „die Theologie das christliche Phänomen zum Gegenstand hat"[43]. Ein Phänomen mit schwer erkennbaren Konturen, da es zu einer „Menschheit gehört, die in allen ihren Aktivitäten von der christlichen Botschaft durchstrahlt ist und eine Botschaft mit veränderlicher Beständigkeit wiedergibt"[44]. So veränderlich ist sie, dass die Wertschätzung dem Belieben der Willkür überlassen ist: „Man kann heute getrost katholisch bleiben und zugleich die Dogmen und die Moral der römisch-katholischen Kirche vernachlässigen." Es reicht, so denkt man, dass man für sich „das Licht beansprucht, das

---

[39] M. Seckler, *Im Spannungsfeld von Wissenschaft und Kirche*, Freiburg 1980, 10.
[40] M. Heidegger, „Phänomenologie und Theologie", *Archives de philosophie* (1966) 109*f*.
[41] *Ebd.* 117.
[42] *Ebd.* 111.
[43] P. Touilleux, *Introduction à une théologie critique*, Paris 1967, 88.
[44] É. Fouilloux, „Du catholicisme selon Émile Poulat", in É. Poulat (Hrsg.), *Un objet de science. Le catholicisme*, Paris 2002, 246-252, 251.

aus den Quellen des Evangeliums schöpft“[45], wie schwach es auch schimmern mag.
Damit vermeidet man zugleich, die Lehre der Schrift zu erwähnen, die nach Thomas zu einem bestimmten „Glauben“ führt. Die Schrift ist nicht mehr das wahrnehmbare und verstehbare Licht, in welchem die Theologie – wie beim heiligen Thomas – durch das *lumen scripturae* (das Licht der Schrift) erkannt werden kann. Vielmehr wird die „Theologie“ als solche erkannt und mit Hilfe des Glaubens vertieft.
Das wahrhaft Neue ist in den Augen des Aquinaten nicht das Erschlossene, sondern das „Geoffenbarte“: Offenbart als Licht, von dem wir ansonsten keinerlei Vorstellung hätten. Das zu Offenbarende (das *revelabile*) hingegen ist das, was in die Schrift aufgenommen ist und Wahrheiten wiedergibt, die als solche der Vernunft zugänglich und dem gesunden Menschenverstand einsichtig sind. Sonst wäre es nicht nötig gewesen, dass Gott uns an die Schwierigkeiten erinnert, wenn neuer Wein in alte Schläuche gefüllt wird (vgl. Mk 2,22); oder dass er ausdrücklich davor warnt, dass ein Prophet in seiner eigenen Heimat nichts gilt (vgl. Lk 4,24). „Arzt, heile dich selbst!“ ist eine Einladung zur Bescheidenheit, die selbst außerhalb des Evangeliums gilt.
Im weiteren Sinne umfasst das *revelabile* auch die Reflexionen und Konklusionen, die man auf natürliche Weise aus der Offenbarung, dem *revelatum* im Sinne einer logischen Implikation gewinnen kann. Dieser Entwicklungsprozess der Lehre wird in der Kirchengeschichte darin sichtbar, wie der Sinn der Heiligen Schrift dargelegt wird.
Der heilige Thomas spricht nur ungern in Metaphern. Er redet weder von der „Seele“ noch vom „Leib“ der Theologie. Zwar würde er dieses Bild nicht ablehnen, aber er würde ebenso klarstellen, dass nicht der Glaube, sondern die Heilige Schrift den Ursprung der Theologie bildet. Für ihn ist in der *Summa* von Anfang an klar, dass es sich bei der Theologie um die Frage dreht, „welche die *sacra*

[45] *Ebd.* Ein Soziologe kann den „Katholizismus“ zum Gegenstand seiner Untersuchung machen und darin das Milieu sehen, das aus Getauften, Gefirmten, Geweihten usw. besteht. Nach Thomas hat der Theologe eine andere Aufgabe: Die *catholica veritas*, die katholische Wahrheit, liegt den Haltungen und dem Umgang der Christen miteinander immer schon voraus. Mit anderen Worten steht der *intellectus scripturae* auf der einen Seite, der *intellectus fidelium* auf der anderen und ist Ausdruck ihres *intellectus fidei.*

doctrina sei und worauf sie sich bezieht", also um ein tieferes Eindringen und Vertiefen. Dort ist auch die Rede von der Heiligen Schrift als dem primären Gegenstand jener Lehre. Das scheint gegenwärtig völlig übersehen zu werden.
R. Erni untersucht diese Grundfrage, nachdem er Grabmann, Chenu u.a. gelesen hat. Er spricht von der Theologie als Wissenschaft, erwähnt aber erst ab dem neunten Artikel die Heilige Schrift, nachdem sie nicht mehr übersehbar ist.[46] Er beschäftigt sich „mit den Meistern der Theologie, die verschiedene Meinungen vertreten". Dabei verwendet er den Begriff, der eigentlich schon aussagekräftig genug ist, denn er verweist auf die „verschiedenen Meinungen der *Lehrer der Heiligen Schrift* (diversae opiniones doctorum sacrae scripturae)"[47]. Die Befähigung, Theologie zu lehren, leitet sich von den „Lehrern der Heiligen Schrift" her („doctores sacrae scripturae")[48]. Der Unterschied zwischen der *cathedra magistralis* und der *cathedra pontificalis* (oder *pastoralis*) lässt sich gut ausmachen, da erstere über ein größeres Wissen (eminentia scientiae) verfügt, zweitere über eine größere Vollmacht (eminentia potestatis). Beide haben einen gemeinsamen Auftrag, denn sie stehen „**im Dienst des Wortes Gottes**"[49]. So findet man auch hier einen synonymen Gebrauch von „Theologen (doctores)" und „Gelehrten der Heiligen Schrift (doctores sacrae scripturae)".
Der heilige Thomas würde also wohl mit großem Erstaunen feststellen, dass bei uns die Theologie sehr häufig ohne Bezug zur Heiligen Schrift definiert wird. An ihre Stelle hat man den „Glauben" gesetzt, das heißt die Zustimmung des Gläubigen, ohne sich auf das Buch der göttlichen Offenbarung zu beziehen. Denn für den Aquinaten ist der „primäre Autor der Heiligen Schrift der Heilige Geist". Jeder Verfasser ist ein „instrumentaler Urheber (auctor instrumentalis)"[50], weshalb in den Heiligen Büchern Theo-Logie – Rede Gottes – enthalten ist, d.h. „ein Eindruck des göttlichen Wissens (impressio scientiae divinae)"[51].

---

46 Vgl. R. Erni, *Die theologische Summe*, Luzern 1948, 51*f*.
47 Thomas von Aquin, *Quodl.* 3, q. 4, a. 2.
48 *Ebd.* a. 1.
49 *Ebd.* a. 1, obj. 1.
50 *Ebd.* 7, q. 6, a. 1, ad 5.
51 *Summa theologica* Ia, q. 1, a. 3, ad 2.

Hinsichtlich der Schwierigkeit, wie dieses „Wort Gottes" zu verstehen ist, nimmt Thomas eine Idee von Augustinus auf: „Es ist von Gott zu unserem Nutzen bestimmt, dass sich die Heilige Schrift nur mit einiger Schwierigkeit erschließt."[52] Thomas sieht darin einen mehrfachen Nutzen. Zum einen wird der Leser vor Überdruss oder Langeweile bewahrt, denn von der Langeweile zum Widerwillen fehlt oft nicht viel. Zum anderen ist es eine Schule der Demut, in der sich vor allem der zum Stolz Neigende üben kann. Zum dritten tragen solche Verständnisschwierigkeiten dazu bei, dass Ungläubige sich über die Heilige Schrift nicht allzu leicht lustig machen können, ohne sich selbst als Unwissende bloßzustellen.[53]

Darüber hinaus betont Thomas an anderer Stelle überraschend: „Nur der Kanon der Heiligen Schrift bildet die Glaubensregel."[54] Überraschend ist nicht nur das Entdecken dieser Aussage, sondern auch ihr konsequentes Verschweigen oder Übersehen. Beide sind wohl vor allem auf die Schwierigkeit zurückzuführen, diese Formel in das katholische Denk- und Glaubensgebäude organisch zu integrieren. So dürfte wohl (in hoffentlich nicht allzu fernen Tagen) eine notwendige Anstrengung in dem Bemühen bestehen, den Sinn der *Summa*, ausgehend von ihrer ersten *quaestio*, neu zu erschließen. Neben dem thomasischen Verständnis der „sola scriptura" wird das dargelegte Problem der Identifikation von *sacra doctrina* und *sacra scriptura* zu vertiefen sein. Dabei spielt die „fides", der individuelle Glaube, zunächst keinerlei Rolle; er steht erst zu Beginn II^{a}-II^{ae} zur Debatte, wo zugleich auch die Bedeutung der Gemeinschaft der Glaubenden, der Kirche, erörtert wird. Der heilige Augustinus hatte diesen Prozess in die Formel gebracht: „Es gilt die Glaubensregel zu berücksichtigen, die aus dem Gesamt der Heiligen Schriften und von der Autorität der Kirche wahrgenommen wird."[55] Thomas verweist auf die gleichen Instanzen, allerdings mit umgekehrter Betonung. Für ihn stellt die Heilige Schrift die *regula fidei* dar. Sie fordert gewissermaßen die Autorität als *quasi regula*, die der Kirche

---

[52] *Quodl. 7*, q. 6, a. 1, ad 2: „Utiliter est a Deo dispositum ut veritas in sacra scriptura cum aliqua difficultate manifestetur."
[53] Vgl. *ebd.*
[54] Thomas von Aquin, *In Joh*, nr. 2656: „Sola canonica scriptura est regula fidei."
[55] Augustinus, *De doctrina christiana*, lib. 3.

für ihre Auslegung und Lehrvollmacht zukommt.[56] Erst mit den Augen der Weisheit wird der volle Sinn des zitierten Satzes des hl. Augustinus erkannt – *sapientis est ordinare.*

[56] Thomas von Aquin, *Quodl.* 3, q. 4, a. 2.

Integraler Humanismus für Europa?

Zu Hintergründen und Aktualität von J. Maritains *Humanisme intégral*

Raymond Kriegel

1. Zur Aktualität des integralen Humanismus

Ist Maritains Denken noch aktuell? Die Antwort lautet entschieden: Ja! Sein Denken war seiner Zeit in vielem voraus, manches mutet beinahe prophetisch an, bleibt eine Herausforderung für die Nachwelt. Das gilt insbesondere für sein Werk *Humanisme intégral*. Nicht von ungefähr ist im Herbst 2000 die vierte Auflage dieses wichtigen Werkes in Frankreich erschienen. Der berühmte Politologe René Rémond schrieb die Einleitung und hielt auch einen aufschlussreichen Vortrag bei der Präsentation der Neuauflage in Paris im Oktober 2000.[1]

In seiner Einleitung, einer eigenständigen Studie von 20 Seiten, weist Rémond auf eine Reihe von interessanten Details hin, welche die Wirkungsgeschichte von Maritains Werk bis in unsere Tage illustrieren. Die erste Auflage von *Humanisme intégral* erschien im Frühjahr 1936, die zweite 1946, also in der Phase des Wiederaufbaus unmittelbar nach dem Krieg. Die dritte Auflage kam 1968 heraus, als Frankreich und weite Teile Europas in einer Krise der Konsumzivilisation standen. Rémond ist zuversichtlich, dass auch die vierte Auflage im Jahre 2000 zu einer Vertiefung der Grundwerte beitragen wird. Mittlerweile wendet sich dieses Werk an die dritte Generationen von Lesern. Erschwerend kommt allerdings hinzu, dass die heutige Leserschaft Maritains geistiges Erbe antritt, ohne dessen historischen Kontext selbst miterlebt zu haben.

---

[1] J. Maritain, *Humanisme intégral. Problèmes temporels et spirituels d'une nouvelle chrétienté*, Paris 2000. Mit einem Vorwort von R. Rémond.

Bei der Neuauflage von 1968 übernahm Maritain sein Vorwort aus dem Jahre 1936 unverändert. Er war davon überzeugt, dass seine philosophische Auseinandersetzung nichts von ihrer Aktualität eingebüßt hatte, trotz aller Umwälzungen im persönlichen, politischen und intellektuellen Bereich. Rémond hebt hervor, dass sich auch heute noch Politiker in Frankreich und in vielen anderen Ländern, in denen Maritain mehr Echo und Gehör fand als in seiner eigenen Heimat, nicht scheuen, sich auf *Humanisme intégral* zu berufen.

Bemerkenswert ist die Tatsache, dass dieses Werk auch in deutscher Sprache in zwei verschiedenen Fassungen veröffentlicht wurde. 1938 erschien eine erste Version unter dem Titel *Die Zukunft der Christenheit.* 1950 gab W. Gebauer das Buch unter dem Titel *Christlicher Humanismus* in seiner endgültigen Fassung heraus. Aufschlussreich ist, dass das Wort „intégral" dabei mit „christlich" übersetzt wurde. Ähnliches geschah in der tschechischen und in anderen Übersetzungen. Zwar hat sich Maritain immer wieder auf das christliche Erbe berufen, doch hat er nicht weniger entschieden um eine gewisse Unabhängigkeit „weltlicher und geistlicher Bereiche" gekämpft. Wie kommt es nun, dass dieses Buch, das zuerst im zerrissenen Spanien jener Jahre erschien, eine solche Langlebigkeit erfährt? Worin besteht seine Aktualität, fand es doch in Osteuropa und bis ins tiefste Russland hinein eine weite Verbreitung – auch wenn dies bis vor kurzem nur unter der Hand geschehen konnte?

Dieses Werk entstand im August 1934 aus sechs Vorlesungen, die Maritain an der Universität Santander in den USA hielt. In Spanien und teilweise in Frankreich stand die Kirche in der Zeit des spanischen Bürgerkrieges auf der Seite der konservativen Kräfte. Maritains erklärtes Anliegen war es, zur Aufklärung beizutragen und zum Nachdenken anzuregen. 1926 wurde die Action Française von Maurras durch Papst Pius XI. verurteilt. Das hatte zur Folge, dass sich auch Maritain stärker zur Demokratie bekannte und in linksgerichteten Zeitschriften wie *Vendredi* und *Candide et Gringoire* schrieb – zusammen mit Protestanten wie André Chamson, Laizisten wie Jean Guéhenno und anderen politisch links orientierten Intellektuellen.

Schon der Titel „Humanisme" beruft sich mehr auf das Erbe der Linken und Kommunisten, und später auf das der Existentialisten, zu deren Hauptvertretern Jean-Paul Sartre zählt. In den Jahren um 1960 wurde dieser Begriff durch Michel Foucault und Louis Althusser herabgewürdigt. Inzwischen steht der Begriff Humanismus allerdings wieder für ein gemeinsames Erbe, das bestimmte menschliche und gesellschaftliche Werte vertritt. Getrennt von diesen Werten kann der Humanismus eigentlich nicht existieren, besonders dann nicht, wenn er eine politische Grundhaltung verkörpert. Ohne solche Grundwerte kann auch eine demokratische Gesellschaft nicht überleben. Vielmehr impliziert sie, dass man sich auf der Grundlage eines bestimmten Menschenbildes bewegt, welches durchaus als Erbe dieses Humanismus gelten kann.[2]

Das Adjektiv „intégral" ist nicht weniger wichtig. Im Gegensatz zu jedem Integrismus bedeutet es die Suche nach der Ganzheit des Menschen, die Berücksichtigung der gesamten menschlichen Realität vor dem Hintergrund des Christentums. Der Glaube ist nicht Privatsache, sondern soll sowohl persönliches Denken als auch öffentliches Handeln erhellen und beeinflussen. Eine weitere Eigenart von *Humanisme intégral* besteht darin, dass Maritain der thomistischen Philosophie treu bleibt und zugleich ein Denksystem entwickelt, das einer historischen Perspektive Raum lässt, also der Geschichtlichkeit Rechnung trägt. Er hebt somit die Relativität und infolge dessen die Pluralität der verschiedenen Zivilisationsarten hervor. Keine von ihnen schöpft das Faktum und die Anpassungsfähigkeit der christlichen Botschaft völlig aus. Im Gegenteil: Die ewigen Wahrheiten des Glaubens fordern die Geschichte heraus, ein immer neues geistiges Klima hervorzubringen, damit sie in verschiedenen Formen ihr Potential verwirklichen können. So haben sich im Laufe der Zeiten verschiedene Arten von Kultur oder christlicher Zivilisation entwickelt, die stets einem konkreten historischen Ideal entsprachen. Auf diese Weise hat sich ein Bewusstsein für epochale Probleme herauskristallisiert.

Maritain unterscheidet drei historisch aufeinander folgende Zeiten der Beziehung zwischen Welt und Christentum, zwischen Irdischem und Geistlichem. Als erstes nennt er die mittelalterliche Christenheit, die *Christianitas*, in welcher die Beziehungen zwischen geistlichen und weltlichen Autoritäten einen Höhepunkt erreichten, der freilich

---

2 Vgl. dazu R. Rémond, „Vorwort", *ebd.* V.

längst der Vergangenheit angehört. Darauf folgte das Zeitalter des Liberalismus, die goldene Zeit des Humanismus. Dieser wurde aber zunehmend von der christlichen Botschaft getrennt, womit er dem Rationalismus und später dem Materialismus verfiel. Damit war der Boden für den Marxismus bereitet. Maritain hat sich intensiv mit dem Denken von Karl Marx beschäftigt, was damals für Katholiken eine Seltenheit war. Maritain schreibt dieser Philosophie das Verdienst zu, die Demütigung und Verletzung der menschlichen Würde in aller Deutlichkeit wahrgenommen und angeprangert zu haben.

Für Maritain zeichnet sich damit jedoch ein merkwürdiger historischer Fortschritt ab. Für ihn hat erst das Versagen der Christenheit den marxistischen Atheismus ermöglicht oder gar hervorgebracht. Die Christen haben ihre Pflichten verfehlt, weil sie sich dem Liberalismus anpassten. Aber Verantwortung der Christenheit ist nicht gleichbedeutend mit der Verantwortung des Christentums. Diese Unterscheidung überträgt Maritain auch auf die nationalsozialistische Zeit. Er weist darauf hin, dass man das Christentum nicht für die Etablierung des Nationalsozialismus verantwortlich machen könne, nur weil einige seiner Führer eine christliche Erziehung erhalten hatten.

Dennoch sind nach Maritains Auffassung im Marxismus christliche Elemente enthalten. Beide kritisieren die Auswüchse der liberalen Wirtschaft oder verweisen auf die Tatsache des Klassenkampfes oder auf den Gedanken, dass die Geschichte den Menschen prägt. Aber der Atheismus verdirbt diese Weltanschauung, wie das kommunistische Experiment der ehemaligen Sowjetunion bewies. Maritain war genau über dessen Zustand informiert. Er sprach sogar in aller Deutlichkeit von den sieben Millionen Gefangenen in den Konzentrationslagern der UdSSR. Zudem gebrauchte er – vor Hannah Arendt – den Ausdruck des Totalitarismus schon im Jahre 1936. Damit gab er unmissverständlich zu verstehen, welche Verwandtschaft zwischen dem Kommunismus und dem Nationalsozialismus bestand.

Auf Grund dieser Erfahrungen konnte für Maritain der integrale Humanismus nur theozentrisch sein. Er zielt darauf ab, eine neue Christenheit einzuführen, die aber grundsätzlich verschieden von der Christenheit des Mittelalters ist. Die Neuheit dieser Christenheit besteht für Maritain darin, dass sie weltlich, „säkular“ oder von Laien geprägt ist. Alle drei Adjektive verwendet Maritain gleichbedeu-

tend. Er selbst äußerte sich kritisch über das Verhalten vieler Christen, die umgekehrt seine Ideen in Frage stellten. Freilich sind es im Grunde christliche Gedanken, die aber von Nichtchristen, von Laien und von Atheisten vertreten wurden.
Das führt uns auf die Frage zurück, ob man *Humanisme intégral* folglich mit „christlicher Humanismus" oder mit „Zukunft der Christenheit" übersetzen kann. Maritain war grundsätzlich die Idee einer ausdrücklich christlichen Partei fremd, er war letztlich dagegen. Der von ihm propagierte Humanismus ist grundsätzlich auf eine pluralistische Gesellschaft eingestellt, die ein Miteinander zwischen Christen und Nichtchristen erlaubt und sogar voraussetzt.
Diese Gesellschaft soll personalistisch und gemeinschaftlich sein. Maritain hat keine Mühe, die Grundlagen dieser neuen Gesellschaft aufzuzeigen: Der Kapitalismus wird abgelöst; die Erbschaftsfolge muss geändert werden, sofern sie die Ungleichheiten fortbestehen lässt; die Gewerkschaften erhalten eigene Rechtspersönlichkeit; die Arbeiterklasse muss wieder in die Gesellschaft eingegliedert werden; an die Stelle der Anarchie der liberalen Wirtschaft soll eine organisierte Wirtschaft treten. Maritain ist auch dem Begriff des Wirtschaftsplanes zugeneigt, da dieser der sozialen Lehre der Kirche entspricht. Darüber hinaus soll sich die Demokratie von unten nach oben entwickeln, d.h. die Machtbefugnisse sollen so ausgeübt werden, dass die Ämter nur auf Zeit besetzt und die Beschlüsse kollegial gefasst werden. Außerdem sollen die Parteien Unabhängigkeit genießen, was zur Folge hätte, dass der Staat gewisse Vorrechte seiner Souveränität abgeben müsste, was wir am föderalistischen Denken Maritains noch vertiefen werden.[3] Als Übergang zu dieser neuen Gesellschaft ruft Maritain zur Gründung und Bildung kleiner Gemeinschaften auf, die brüderlich gesinnt sind und so den Individualismus überwinden können.
Humanisme intégral hatte einen großen Erfolg. Zwar sollte Maritain seine Gedanken zur neuen Gesellschaft noch weiter ausbauen, aber dieses Werk hat viel dazu beigetragen, dass engagierte Christen zwischen kirchlicher und zivil-politischer Gesellschaft unterscheiden lernten. Zugleich wurden sie durch Maritains Werk aufgerufen, sich am Aufbau der weltlichen Gesellschaft zu beteiligen.

---

3 Vgl. R. Remond, „Vorwort", *ebd.* XVf.

2. Deutschland und der integrale Humanismus

In einer umfassenden Dissertation mit dem bezeichnenden Titel „Feu la modernité?" („Es lebe die Moderne?") beschreibt Michel Fourcade Maritains Beziehungen zu Deutschland in den Jahren 1926 bis 1934.[4] Auf die einzelnen Beziehungen einzugehen wäre zwar sehr spannend, würde aber unseren Rahmen sprengen. Kurz zusammengefasst kann man zwei Perioden unterscheiden.

In der ersten verkehrt Maritain brieflich oder persönlich mit nahezu all jenen Persönlichkeiten, die im katholischen Geistesleben Rang und Namen hatten. Dazu gehören Peter Wust, Franz Xaver Münch, der einflussreiche katholische Akademikerverband, Waldemar Gurian, P. Karl Eschweiler, Hermann Platz, Erik Peterson, Hans André, Karl Schmitt, P. Paul Obersiebrasze, Werner Becker, Maria Schluter, Dietrich von Hildebrand, Gustav Schnurer, Romano Guardini, Ildefons Herwegen, Thomas Michels, Theodor Haecker u.a. Nur einige dieser Personen waren Vertreter des strengen Thomismus; gerade so bezeugen die Beziehungen zu ihnen Maritains große Offenheit und geistige Weite. Ihm ging es vor allem um den Austausch und mögliche Zusammenschlüsse philosophisch Gleichgesinnter. Maritain hoffte auf die Gründung weiterer thomistischer Studienkreise wie in Meudon, um durch Vorträge wie auch durch Übersetzungen und Veröffentlichungen die thomistische Forschung und damit das christlich-humanistische Denken voranzutreiben.[5]

Mit dem Jahr 1933 brach eine schwere Periode an. Bald fühlten sich die wahren Thomisten vereinsamt. Manche wollten die politischen Entwicklungen abwarten, andere forderten ein rasches und entschiedenes Handeln. Doch innerhalb weniger Monate wurden ihnen die Möglichkeiten des Dialogs entzogen. Die Treuen mussten schweigen, andere versuchten, sich mit der neuen Situation zu arrangieren, wodurch sie sich letztlich jedoch kompromittierten, was sie erst zu spät erkannten. Es erstaunt nicht weiter, dass damit die Fortsetzung der Beziehungen praktisch unmöglich wurde. Maritain

---

[4] Die Veröffentlichung der 1999 in Toulouse von der theologischen Fakultät angenommenen 1255 Seiten starken Dissertation ist unter dem Titel „Feu la modernité? Maritain et le Maritainismes" für den Frühling 2002 angekündigt.

[5] Zu den Mitgliedern und Themen der „Association des Groupes d'Études Thomistes" vgl. J. Maritain, *Carnet de notes*, ŒC Bd. XII, 323*f*.

war darüber sehr betrübt und versuchte, seine Auffassung durch Werke wie *Le salut par les juifs*, *Du Régime Temporel et de la Liberté* oder *De la vie d'oraison* in Deutschland zu verbreiten. Er führte sein Engagement weiter, kämpfte gegen den Antisemitismus und verteidigte unbeirrt seine Vorstellungen von Demokratie gegen alle totalitären Ideologien.
Erwähnt seien in diesem Zusammenhang Maritains vorausschauende Überlegungen, die er im April 1940 veröffentlichte. Diese Studie wurde im September 1947 in der Zeitschrift *Neues Abendland* in Deutschland verbreitet.[6] Bemerkenswert erscheint uns die positive Aussage über ein föderalistisches Europa, die Maritain bereits in der dunklen Zeit des Zweiten Weltkriegs entwickelte. Einige Auszüge dieser Zukunftsvision können hoffentlich dazu beitragen, die Aktualität des ‚neuen Humanismus' aufzuzeigen, selbst wenn manche Aussagen von ihrem historischen Kontext her zu sehen sind. Wegen ihrer bleibenden Aktualität seien die Zitate in ihrem größeren Zusammenhang belassen.

> Von Anfang an müssen wir zwei Irrtümer ausschließen. Der erste Irrtum ist der Wunsch, Deutschland zur Strafe zu zerstückeln. [...] Es wäre auch eine Täuschung, wollte man annehmen, am Ende des Krieges könnte unser ganzer Planet ein föderalistisches Gepräge annehmen, welches für immer Frieden gewährleisten würde. [...] Dass unmittelbar nach dem gegenwärtigen Zusammenbruch ein Erdteil, nämlich Europa, mit Entschiedenheit den Versuch unternimmt, einen föderalistischen Einigungsplan auszuarbeiten, ist schon an und für sich ein schwer erreichbares Ziel, das die gesamte Kraftreserve der Menschen guten Willens in Anspruch nimmt. [...] Dazu sind bestimmte Bedingungen notwendig. [...] Eine gemeinsame Ansicht über die allgemeinen Ziele des politischen Lebens und über die gemeinsam zu lösende Aufgabe ist erforderlich – kurz, Gemeinsamkeit des kulturellen Denkens und Wollens.[7]

[6] J. Maritain, „Europa und der föderalistische Gedanke", *Neues Abendland* (Sept. 1947) 193-199. Die Einleitung nennt Maritain „den bedeutendsten französischen Philosophen der Gegenwart". [Für den franz. Originaltext vgl. J. Maritain, *L'Europe et l'idée fédérale*, ŒC Bd. XVI, 973-982.]

[7] *Ebd.* 194.

Schon in den ersten Septembertagen 1939 habe ich geschrieben, dass die westliche Kultur bereits gerettet ist […], dass wir uns (aber) bezüglich des Preises, der Zeitdauer, der Zerstörungen und Leiden, die diese Rettung kosten werde, keiner Täuschung hingeben sollen. […] Die Entstehung einer föderalistischen Union ist nur eine der Aufgaben, der wir gegenüber stehen werden; im Vergleich zu den Erneuerungen auf dem Gebiete des Geistes und der Gesellschaftsordnung, die an sich wichtiger sind, ist diese Aufgabe in einer besonders einleuchtenden Weise notwendig: denn jeder hat doch genug von einer Lage, die aus dem Frieden nur eine Aufeinanderfolge von immer kürzer befristeten Waffenstillständen zwischen höllischen Kriegen macht.[8]

Eine Lösung im föderalistischen Sinne bedingt, dass die Staaten einzelne Hoheitsrechte aufgeben müssen. Selbstverständlich nicht zum Wohle eines Überstaates, sondern eines höheren, genau festgelegten Rechtszustandes, der sich auf die gemeinsamen Tätigkeitsbereiche und auf das Gemeinwohl des Bundes als solchen bezieht. In Bezug auf militärische Verbände scheint es klar zu sein, dass die föderalistische Vereinigung […] nicht bloß die schon am Ende des Ersten Weltkrieges geforderte Abschaffung der allgemeinen Wehrpflicht und eine allgemeine Herabsetzung der Rüstung verlangt, sondern die Aufstellung einer europäischen Armee oder Polizeimacht. […] Während die Staaten bei einem Zusammenschluss in eine zwischenstaatliche Gemeinschaft mit entsprechenden Einrichtungen eintreten würden, müssten sie den kleineren inneren Gemeinschaften, den ‚regionalen Vaterländern', die sie in sich schließen, eine gewisse Selbständigkeit gewähren, die größer sein müsste, als das heute der Fall ist. […] Schließlich müsste man sich von zwei Grundsätzen befreien, die beide dem Zeitalter eines umstürzlerischen bürgerlichen Individualismus angehören, nämlich von dem Nationalitätsprinzip, wie es die Theoretiker des 19. Jahrhunderts bestimmt haben, und von dem Grundsatz der Nicht-Einmischung.
Erhebt man es zu einem Grundsatz des öffentlichen Rechts – und dieser Grundsatz wird ständig verletzt, ja noch mehr, er wird in

[8] *Ebd.* 194f.

heuchlerischer Weise verletzt –, dass sich ein Staat unter keinen Umständen darum kümmern darf, das zu beseitigen, was in anderen Staaten vor sich geht, auch nicht um die Geißel der Ungerechtigkeiten, deren Opfer ihre Völker sind, so bedeutet das in Wirklichkeit, dass man sich eine Ausrede verschaffen will, um sich selber vor den Verpflichtungen der Gerechtigkeit und Liebe zu drücken.[9]

Maritain führt seine Überlegungen weiter, indem er in dem angeführten Gedanken für Europa auch einen Gedanken für Deutschland sieht. Das hieße ein föderalistisches Deutschland in einem föderalistischen Europa. In diesem Gedanken begegnet uns Maritains tiefstes Herzensanliegen:

Und doch hoffe ich, vorurteilslos in die von mir längst als notwendig betonte christliche Philosophie der Politik eingeweiht zu sein, um zu wissen, dass ein gerechter Friede eben so sehr das Wohl des deutschen Volkes wie das anderer Völker zum Ziele haben muss, und um mit aller Aufrichtigkeit behaupten zu können, dass ich meinen Wunsch nach einem föderalistischen Deutschland für das Wohl des deutschen Volkes mit dem Nutzen für ganz Europa zusammenfallen sehe. Ich habe in Deutschland gelebt und ich habe viele deutsche Freunde. Ich bewundere den deutschen Geist und ich weiß um die Bedeutung seiner Leistung für die Kultur des Westens. Ich weiß, wie viel die Menschheit auf meinem Fachgebiet, der Philosophie, Deutschland verdankt. Wenn ich auch Leibniz' Metaphysik nicht allzu sehr liebe, so weiß ich doch zutiefst um seinen leidenschaftlichen, brennenden Wunsch sowohl nach der Einheit Europas als auch nach der Würde Deutschlands. Die politischen Schriften von Leibniz und sogar die von diesem großen Geist ausgedachten Utopien helfen mir, mit aller Schärfe und Klarheit die geschichtliche Tragödie Deutschlands zu verstehen.[10]

Ich bin mir wohl bewusst, dass es für einen Ausländer schwer ist, über diese Dinge zu reden. Er kann leicht beschuldigt wer-

[9] *Ebd.* 195.
[10] *Ebd.* 196.

> den, nur ungenügende Sachkenntnis zu besitzen. Doch ich weiß, dass die von mir dargelegte Meinung von vielen Deutschen geteilt wird, mit denen ich die Sache im Laufe der jüngst vergangenen Jahre erörtert habe und die ihr Vaterland aus ganzem Herzen lieben.[11]

Schließlich sieht Maritain in diesem doppelten föderalistischen Konzept für Europa und für Deutschland eine Möglichkeit der Umgestaltung der Welt:

> Ich will nicht etwa behaupten, dass auf diese Weise alle Spannungen und Gegensätze aufgehoben würden. Es ist aber meine Überzeugung, dass ein föderalistisches Europa ohne ein föderalistisches Deutschland undenkbar und ein föderalistisches Deutschland ohne ein föderalistisches Europa unmöglich ist.[12]

Man kann hier die Sehnsucht eines Franzosen miterleben, den ein allzu zentralistischer Staat bewegt, mehr Freiheit der Regionen zu postulieren. Dies tut er auch vor dem Hintergrund seines christlichen Gesellschaftsverständnisses, welches stets um das Prinzip der Subsidiarität bemüht ist. Demnach soll der übergeordneten Machtebene nur das übergeben werden, was die untergeordnete Stufe nicht selbst lösen kann. Aus diesem Grund ist es für Maritain selbstverständlich, dass „ein föderalistisches Europa nur durch den Geist des Christentums leben kann. [...] Wir sind doch sicher alle zu erbärmlich dran, um uns nicht zu bekehren, wir sind der Schrecken und Abscheulichkeiten einer Welt ohne Gott zu satt, um uns nicht zu einer Änderung all dessen entschlossen zu haben."[13]
Die föderalistische Lösung bedeutet also wirklich eine Bekehrung der Völker, und somit eine Umgestaltung der Welt. Maritain entwirft hier eine weitreichende Perspektive, die in einem gewissen Sinn den Fall der Berliner Mauer, des Eisernen Vorhangs um den Ostblock und weiterer Mauern prophezeit. Maritain verschweigt aber auch den Preis solcher Umgestaltung nicht, wenn er betont, dass

[11] *Ebd.* 197.
[12] *Ebd.* 198.
[13] *Ebd.* 199.

„die föderalistische Lösung hinfällig wäre, wäre sie in Deutschland nicht von grundlegenden Veränderungen, vor allem von einer tiefen sittlichen Erneuerung begleitet. Sie wäre gleichermaßen hinfällig, wenn sie nicht im übrigen Europa von sehr großen Veränderungen und einer sittlichen Erneuerung begleitet wäre, die wichtiger als alles andere ist."[14]
Maritain wird nicht müde, in seinem Artikel Deutschland als den Vorläufer für Europas Erneuerung darzustellen. Die deutsche Situation scheint Modellcharakter zu haben, der nach Osten und Süden ausstrahlt. So fährt er fort:

> Russland kann nicht ohne ernste Gefahr für die Zukunft vollständig nach Asien zurückgedrängt und von der europäischen Völkergemeinschaft ausgeschlossen werden. Die brennenden Fragen, die den Mittelmeerraum berühren, müssen im Geiste der Gerechtigkeit und Zusammenarbeit, nicht im Geiste der Herrschaft und gegenseitiger Eifersucht gelöst werden. Die ärmeren Länder – selbstverständlich werden nach dem Krieg alle Länder arm sein – verlangen danach, dass nach einem endgültigen Aufgeben der Absonderung und des Wahns, sich selbst zu genügen, ein zwischenstaatliches Wirtschaftssystem alle an den gemeinsamen Gütern in gerechtem Ausmaß teilhaben lässt. Vor allem aber müssen die Völker Europas, und zwar alle, verstehen, dass, soll ein föderalistisches Europa entstehen und lebensfähig sein, die Politik innerlich an das Sittengesetz gebunden sein muss und dass eine gute Politik auch eine gerechte und menschliche sein muss, ohne politische Gerechtigkeit aber weder Friede noch Freiheit noch Ehre unter den Nationen herrschen kann. Das bedeutet, dass die Nationen endgültig die Grundsätze Machiavellis und die Lehrsätze der sogenannten Realpolitik aufgeben müssen, die die neuere Geschichte vergiftet haben.[15]

Wenn alle Mitglieder eines solchen Staatenbundes die Einschränkung der Staatshoheit, wie sie ein wirklicher Bund zwischen den Völkern verlangt, annehmen, so würde das schließlich unter dem

[14] *Ebd.* 199.
[15] *Ebd.* 199.

Banner der Freiheit zu einer neuen Christenheit führen, die mit Recht diesen Namen führen würde. Die Aktualität dieses Humanismus liegt hier auf der Hand. In einer Zeit, in der vielfach auf nationalistische Verkrampfungen zurückgegriffen wird, bietet Maritain einen ernstzunehmenden Ansporn für eine politische und gesellschaftliche Neuorientierung.

3. Ein Blick in die Zukunft

Maritain selbst beurteilte seine Überlegungen über ein föderalistisches Europa als rein dokumentarisch, fügte aber sogleich hinzu, dass „der Tag – so fern er auch sein mag – kommen wird, an dem sie wieder aktuell werden"[16]. Und dieser Tag mag gekommen sein. Vor den ungewissen Zukunftsperspektiven, die einerseits aus dem Zusammenbruch des Ostkommunismus hervorgehen und andererseits aus dem allmählich größer werdenden Skeptizismus beim Aufbau der Europäischen Gemeinschaft im Westen entstehen, können die zukunftsweisenden Gedanken Maritains ihre unverminderte Gültigkeit unter Beweis stellen und unserem alten Kontinent Hoffnung geben.

Auf das Thema Föderalismus kam Maritain in seinen Rundfunkansprachen im Februar und März 1944 zurück. Darin unterstrich er mehr den kulturellen als den politischen Inhalt. Dennoch lobte er bei einer Ansprache als Botschafter in seinem Wohnsitz im Palazzo Taverna in Rom am 14. Juli 1946 die französische Nationalversammlung. Sie verstand und definierte die Staatshoheit mittlerweile in einer Weise, dass sie ihre absolutistische Gesinnung aufgab und somit bereit war, sich in eine internationale Gemeinschaft einbinden zu lassen.[17]

Trotz seines großen Engagements nahm sich Maritain von 1945 bis 1948 als französischer Botschafter beim Vatikan zurück. Er wollte diejenigen nicht unterstützen, die das „christliche Europa" auf ihre Fahne geschrieben hatten, damit aber zum antikommunistischen

---

[16] Vgl. *ebd.* 193.
[17] Vgl. J. Maritain, „Réconciliation pour la liberté", *Cahiers Jacques Maritain* (1982) 63.

Kreuzzug aufriefen. Maritains Ansicht war mehr dem Universalismus zugetan, so dass er sogar von einem „Europa ohne Ufer"[18] sprach. Diese Linie führte sein Buch *L'Homme et l' État* fort, das 1953 in Frankreich erschien. Es zeichnete bereits deutlich die Offenheit von Papst Johannes XXIII. vor. Damit wurde allerdings das Bemühen von Pius XII. hinfällig, der noch leidenschaftlich für den Gedanken des kleinen Europa der Sechs eingetreten war.

Zukunftsweisend bei Maritain ist sowohl die Vorstellung der geistigen Identität Europas als auch sein Hinweis auf eine Unterordnung der Staatshoheit unter eine allgemeingültige Wertordnung, welche in der abendländisch-christlichen Tradition steht. Maritain betont: „Ein föderalistisches Europa kann nur leben durch den Geist des Christentums."[19] Damit äußert er seine Überzeugung, dass Europa nur lebensfähig ist, wenn es von innen her durch ein gemeinsames Fundament zusammengehalten wird. Nur so wird ein Zugehörigkeitsgefühl wachsen, durch das alle beteiligten Staaten die gemeinsamen Werte beachten und beleben.

Maritain bleibt eine mahnende Stimme, gerade wenn es um die Versuchung geht, Europa nur als eine große Handelszone zu betrachten. Er war überzeugt davon, dass der integrale Humanismus alle echten Werte in sich vereint. Nach Maritains Auffassung ist allein ein solcher Humanismus in der Lage, sich im Lauf der Geschichte immer wieder von innen her zu erneuern, da er bestimmte Werte fremder Kulturen integrieren kann. Zudem beugt er jedem Überlegenheitsdenken einer Nation, eines Staates oder einer Ideologie vor. Darüber hinaus betont Maritain immer wieder die „universale Brüderlichkeit", wie sie von Charles de Foucauld in Tamanrasset vorgelebt wurde. Für ihn steht fest, dass die innere Weite und Größe eines integralen Humanismus darauf fußt, dass er ein theozentrischer Humanismus ist und bleibt.[20] Dazu schreibt Benedikt Ritzler:

> Nur in ihrer Beziehung mit Gott können die menschliche Person und das menschliche Leben respektiert und geschützt werden.

---

[18] J. Maritain, „Europa und der förderalistische Gedanke" 199. [Vgl. Anm. 6.]
[19] S. Anm. 13.
[20] Vgl. R. Rémond, „Vorwort", *a.a.O.* V.

> Von ihm erhalten sie alles, so dass nach Maritain auch ein erneuertes Christentum von einem theozentrischen Humanismus auszugehen hat, von einem ‚Humanismus der Inkarnation'. […] Zwar weiß Maritain, dass dies […] kein einfaches Unterfangen ist, was ihn jedoch nicht davon abhält, immer wieder zu einem ‚heroischen Humanismus' aufzurufen. Dieser versteht Gott als Zentrum von Welt und Mensch und Geschichte überhaupt, [. . .] und will das christliche Ideal von Nächstenliebe leben.[21]

Johannes Paul II. hätte wohl Maritains ungeteilte Zustimmung geerntet, als er am 11. Oktober 1988 vor dem Europäischen Parlament verkündete: „Wenn das religiöse und christliche Erbe dieses Kontinents, also seine ethische Kraft und seine soziale Leistungsfähigkeit, verdrängt wird, dann wird nicht nur ein historisches Erbgut verleugnet, sondern jegliche Zukunft für den europäischen Bürger, sei er gläubig oder ungläubig, schwer in Frage gestellt."[22]

---

[21] B. Ritzler, *Freiheit in der Umarmung des ewig Liebenden*, Bern 2000, 273.

[22] Jean Paul II, *Une âme pour l'Europe. Le voyage apostolique de Jean Paul II en Alsace et Lorraine et aux Communautés européennes de Strasbourg du 8.–11.10.1988*, Paris 1988, 187.

Künstlerische Inspiration – nichts als Emotion?

J. Maritains Seelenmodell als Erklärungsversuch innergeistiger Vorgänge

Benedikt Ritzler

1. Einleitung

Werke großer Künstler beeindrucken. Sie üben eine bleibende Faszination aus, über alle Zeiten und Stilarten hinweg. Das gilt für das Freiburger Münster wie für die „Pietà" von Michelangelo, für den „Seerosenteich" von Claude Monet oder für das dritte Klavierkonzert von S. Rachmaninov. Man kann solche Kunstwerke einfach bestaunen und sich an ihrer unvergänglichen Schönheit erfreuen; darüber hinaus kann man versuchen, mit lebenden Künstlern ins Gespräch zu kommen und zu ergründen, was sich im Künstler selbst abspielt, wie er sein künstlerisches Schaffen wahrnimmt. Doch soll die Beschreibung seines Innenlebens eine systematische Auseinandersetzung mit seinen innerseelischen Vorgängen ermöglichen, braucht es eine besondere Begrifflichkeit. Um also eine breitere Verständlichkeit dessen zu ermöglichen, was allgemein als künstlerische Inspiration bezeichnet wird, ist es unumgänglich, das Innenleben eines Künstlers im Licht der philosophischen Erkenntnistheorie näher zu betrachten.

Dieses Ziel hat sich Jacques Maritain gesetzt. Im Frühling des Jahres 1952 hält der siebzigjährige Philosoph in Washington eine Vorlesungsreihe, die sich mit der schöpferischen Intuition befasst. Zwar steht dieses Thema nicht gerade im Zentrum der Metaphysik, aber es wirft ein bedeutendes Licht auf die Tätigkeit des menschlichen Geistes und leistet einen wichtigen Beitrag für die Erhellung der schöpferischen und letztlich auch moralischen Freiheit des Menschen. Maritain hätte sich selbst wohl nicht als Künstler bezeichnet, aber er wagte sich an dieses Thema, da er sich einerseits auf die unmittelbare Erfahrung einer Dichterin, nämlich seiner Frau Raïssa, beziehen konnte.[1] Andererseits ermöglichten ihm seine vielfältigen Kontakte zu Malern, Musikern und Dichtern einen umfassenden Einblick in deren Innenleben, so dass ihm dieser fruchtbare Austausch als Grundlage für seine weiterführenden Überlegungen dienen konnte.[2]

Das Anliegen dieses Artikels besteht darin, Maritains Überlegungen zu folgenden Grundfragen darzulegen: Woher hat der Künstler seine Ideen? Was geschieht, bis sie in einem fertigen Kunstwerk bewundert werden können? Sind diese Ideen nur vage Gefühle im Sinne von subjektiven Emotionen, oder haben sie einen besonderen Gehalt, der den objektiven Maßstäben der Ästhetik entspricht? Wenn dies der Fall ist, ergeben sich daraus weitere Folgerungen für den Ablauf geistiger Prozesse oder gar für das metaphysische Personverständnis? Bevor wir uns dem Ausgangspunkt, nämlich der schöpferischen Inspiration, zuwenden, sollen zuerst einige Grundbegriffe kurz erläutert werden.[3]

Für Maritain zeichnet sich ein Kunstwerk vor allem durch seine Schönheit aus. Das bedeutet, dass es von Poesie durchdrungen ist, dass es Poesie atmet. In *Frontières de la poésie* definiert Maritain die Poesie als ein „Erahnen des Geistigen im Sinnenhaften, welches sich selbst wieder im Sinnenhaften ausdrücken wird"[4]. Seine Frau Raïssa umschreibt die Poesie hingegen als „die Frucht eines Kontaktes des Geistes mit der Wirklichkeit, die in sich unaussprechlich ist"[5], weil sie jede begriffliche Objektivierung übersteigt. So gesehen kann man die Poesie auch verstehen als „das geheime Leben jedes Kunstwerks und aller Künste überhaupt".[6]

Die Poesie ist nicht mit dem Kunstwerk selbst oder dem künstlerischen Schaffen zu verwechseln. Vielmehr kommt in ihr die Begeg-

---

[1] Vgl. J. Maritain, *L'Intuition créatrice dans l'art et dans la poésie*, ŒC Bd. X, 104.
[2] S.o. 29f. zum Kontakt Maritains mit G. Rouault.
[3] Für eine detaillierte Auseinandersetzung mit diesen Fragen und ihrer Stellung in Maritains Entwicklung und Gesamtwerk vgl. B. Ritzler, *Freiheit in der Umarmung des ewig Liebenden. Die historische Entwicklung des Personverständnisses bei Jacques Maritain*, Bern 2000.
[4] J. Maritain, *Frontières de la poésie*, ŒC Bd. V, 699.
[5] R. Maritain, *Poèmes et essais*, ŒC Bd. XV, 680.
[6] Vgl. J. Maritain, *L'Intuition créatrice* 107.

nung zwischen dem inneren Sein der Dinge und dem inneren Sein des Künstlers zum Vorschein, und zwar als etwas zugleich höchst Allgemeingültiges und zugleich völlig Ursprüngliches und damit Einzigartig-Individuelles. Die Poesie ist in diesem Sinn das geheime Leben jeder Art von Kunst und meint genau das, was Platon als Muse bezeichnete, die vom Himmel herabkommt und das Innere des Menschen erfüllt. Sie ist etwas Dynamisches, das im Betrachter eine „Saite" seiner Seele zum Klingen bringt, da es den objektiven Maßstäben des *pulchrum* entspricht.[7]
Aus diesem Grund spricht Maritain weniger vom Künstler als vom Poeten, da er der Poesie zum Durchbruch verhilft und sie anschaulich werden lässt. Der Poet ist auf der einen Seite der Wahrnehmende, der Hörende, und auf der anderen Seite der schöpferisch Wirkende, dessen subjektive Begabung und kreative Umsetzung das Kunstwerk entstehen lassen. So ist es die Poesie, „welche die geheimen Bedeutungen der Dinge und den noch geheimnisvolleren Sinn der dunkel offenbarten Subjektivität, die alle anderen umfasst, einfängt, um sie gemeinsam in eine zu formende Materie zu werfen"[8]. Dem Poeten kommt eine eigenständige Kreativität zu, da er „nur darauf ausgerichtet ist, Schönheit [...] hervorzubringen; [diese wiederum] schließt eine Unendlichkeit an möglichen Verwirklichungen und Wahlmöglichkeiten ein"[9]. Der Poet ist frei in der Wahl seiner Mittel und frei in seiner Gestaltung, wobei er nicht etwas völlig Neues schafft. Vielmehr verleiht er auf kreative Weise dem Ausdruck, was unabhängig von seinem Tun sein Inneres erfüllt, nämlich der Poesie. In ihr vermag sich der einzigartige Gleichklang zwischen seinem Inneren und der konkreten Sache zu manifestieren, welcher durch das Kunstwerk von der geistigen in eine materielle Wirklichkeit übertragen wird.

[7] Vgl. *ebd.* 227. Das Transzendentale der Schönheit, das *pulchrum*, ist für Maritain „der Glanz aller vereinten Transzendentalien, koextensiv zum Sein, wie die Herrlichkeit des Seins" (J. Maritain, *Neuf leçons sur la philosophie morale*, ŒC Bd. IX, 805).
[8] J. Maritain, *L'Intuition créatrice* 261 f.
[9] *Ebd.* 240.

2. Die Stufen der poetischen Inspiration

a) Unter- oder Vorbewusstsein? – Das Selbst des Poeten

Was geschieht nun bei der schöpferischen Inspiration? Voraussetzung für eine ästhetische Schöpfung ist eine tiefe *Begegnung* zwischen Künstler und Natur, zwischen dem „Selbst" und „der Welt, diesem unentzifferbaren Anderen"[10]. Die Welt stellt für Maritain freilich nicht eine statische Gegebenheit dar, sondern eine lebendige Wirklichkeit, insofern sie – metaphysisch gesehen – vom Seinsstrom durchdrungen ist. Alle Seienden haben Anteil an der Quelle, aus der alles Sein entspringt und durch welche sie überhaupt erst existieren. Dadurch weisen sie eine analoge Struktur auf, nämlich einen intelligiblen Wesenskern, die Essenz, sowie ihre spezifische Daseinsweise, ihre Existenz. Auf diese Weise ist eine prinzipielle Erkennbarkeit aller Seienden möglich, ob nun erschöpfend (wie für Gottes Geist) oder ausschnittsweise, wie es dem geschaffenen Geist möglich ist. So gesehen lässt sich die Metaphysik, in deren Tradition Maritain steht, als eine Philosophie der Dynamik des Seins verstehen, die sich mit dem Mysterium der Existenz, der Aktion und der Bewegung beschäftigt.[11] Hier auf der Erde geschieht dies durch eine „Interkommunikation, in der alle Seienden in einer Welt von kontingenter Existenz und unvorhersehbarer Zukunft sich in jedem Augenblick untereinander austauschen, sich verbessern oder verschlechtern, untereinander der Fruchtbarkeit des Seins helfen oder sie verraten – und dies alles im Strom der göttlichen Leitung, der niemand sich entziehen kann"[12]. Auf die besondere Stellung, die der Mensch aufgrund seiner Leib-Seele-Einheit einnimmt, wird das letzte Kapitel näher eingehen.

Die Begegnung zwischen dem Poeten und dem Auslöser seiner Inspiration stellt damit einen echten Austausch dar, durch den „gewisse innere Aspekte das Herz der schöpferischen Subjektivität"[13], d.h. des Künstlers, berühren. Auf diese Weise ist der Künstler nicht einfach aufgefordert, allein den Eindruck der äußeren Schönheit, sondern vielmehr „die geheimen Aspekte und die unendlich viel-

---

[10] *Ebd.* 115f.

[11] Vgl. J. Maritain, *Court traité de l'existence et de l'existant*, ŒC Bd. IX, 49-51.

[12] *Ebd.* 49.

[13] J. Maritain, *L'Intuition créatrice* 140.

fältigen Bedeutungen dieser Dinge darzustellen"[14]. In der Präsentation dieser lebendigen Vielfalt und der „Übersetzung" besagter Begegnung kommt deshalb die Poesie zum Vorschein. Doch über welche Empfänglichkeit oder innere Wahrnehmungsfähigkeit muss der Poet verfügen, damit es zu solch einer Begegnung kommen kann? Und ist es ihm dann möglich, diese Begegnung in ein Kunstwerk zu übersetzen?

Neben der Offenheit für die Poesie bedarf die Künstlerseele einer besonderen Disposition, eines *habitus*. Maritain umschreibt diesen als eine „innere Qualität oder eine bleibende und tief verwurzelte Disposition, welche das Subjekt und seine natürlichen Potenzen auf eine höhere Stufe von lebendiger Gestaltungskraft und Energie erhebt"[15]. Dann meint die Wahrheit des schöpferischen Urteils nicht die Entsprechung zwischen den Regeln der Kunst und dem Kunstwerk selbst, sondern die getreue Überführung der inneren Anregung in das Kunstwerk. Letztlich gibt es nur eine einzige, nämlich „eine himmlische Regel. Sie betrifft das Empfangen des Kunstwerks im Herzen des Geistes selbst, das in die Schönheit umgesetzt werden soll." Anders ausgedrückt geht es dabei um eine Abwandlung der augustinischen Maxime: „Sei deiner schöpferischen Intuition treu, und tue, was du willst!"[16] Doch woher kommt letztlich die schöpferische Intuition, und wie entfaltet sie sich im Subjekt? Welche Operationen vollziehen sich im Geist, bevor es zur Bildung eines Kunstwerkes kommt?

Mehrfach hatte sich Maritain mit der Struktur der menschlichen Seele beschäftigt. So wies er in *Quatre essais* auf die Einseitigkeit von Freuds Ansatz hin, für den die Wirksamkeit des Bewusstseins „einzig im *Erkannt-Werden* besteht. Das Unbewusste ist darum für ihn [Freud] das Entscheidende im Menschen, wenn nicht das Ganze seiner Energien."[17] Unter *Vorbewusstsein* hingegen versteht Freud nur einzelne Elemente der Seele, die willentlich erschlossen werden können, während Maritain darin einen Teil der Seele sieht, der die Vorstufe für eine Reihe bewusster Tätigkeiten darstellt.[18] Im Anschluss an Thomas von Aquin räumt er Freud gegenüber durchaus ein, dass es eine Reihe von „Instinkten, Neigungen, erworbenen Tendenzen, [...]

[14] *Ebd.* 145.
[15] *Ebd.* 164.
[16] *Ebd.* 179.
[17] J. Maritain, *Quatre essais sur l'esprit*, ŒC Bd. VII, 65.

Tugenden und Lastern sowie tiefen Mechanismen innergeistigen Lebens gibt [...], von denen allein ihre Wirkungen ins Bewusstsein aufsteigen"[19]. Aber ebenso gibt es neben diesen psychischen Operationen auch einen „*rationalen* Teil der Seele, da Urteile des Intellekts und freies Wählen des Willens notwendig und von sich aus bewusst sind"[20].
In *L'Intuition créatrice* entwickelt Maritain seine Überlegungen weiter. Er unterscheidet zwei große psychologische Tätigkeitsbereiche des Unbewussten, die beide dem Zugriff des Bewusstseins entzogen sind, nämlich das musikalische oder **geistige Vorbewusstsein** und das Freudsche oder **automatische Unterbewusstsein**. Letzteres ist ein autonomes und geschlossenes Ganzes, das über eine eigene Dynamik verfügt, die alle untermenschlichen und von der Vernunft unabhängigen Einflüsse umfasst. Dies reicht von den materiellen Neigungen von Fleisch und Blut bis hin zu den animalischen Trieben und Instinkten, von verdrängten Bildern und Sehnsüchten bis zu Komplexen und traumatischen Erinnerungen.[21]
Dem automatischen Unterbewusstsein steht das geistige Vorbewusstsein gegenüber, das die wahrhaft menschliche Natur, nämlich seine Geistbegabung und schöpferische Freiheit, in moralischer wie auch in künstlerischer Hinsicht umfasst.[22] Die differenzierte Sicht

---

18 Vgl. *ebd.* 62.
19 *Ebd.* 63.
20 *Ebd.* 64.
21 Vgl. J. Maritain, *L'Intuition créatrice* 217 : „Il y a deux sortes d'inconscient, deux grandes domaines d'activité psychologique soustraite à la saisie de la conscience: le **préconscient de l'esprit** dans ses sources vives, et l'inconscient de la chair et du sang, des instincts, des tendances, des complexes, des images des désirs refoulés, des souvenirs traumatiques, selon qu'il constitue un tout dynamique, clos et autonome. Je voudrais appeler la première sorte d'inconscient, inconscient ou préconscient spirituel, ou, pour l'amour de Platon, musical; et le deuxième, **inconscient automatique** ou sourd – sourd à l'intelligence, et structuré en un monde autonome séparé de l'intelligence; nous pourrions dire aussi inconscient freudien, en un sens tout à fait général."
22 Mit dieser Unterscheidung geht Maritain nicht nur über die Theorien von S. Freud hinaus, sondern wirft ihm auch vor, den triebbestimmten Teil des Unbewussten zu verabsolutieren. Damit trennt Freud nicht nur das Leben des Geistes von dem des Unbewussten, sondern schließt auch die Möglichkeit einer Kontrolle durch Wille oder Vernunft völlig aus. Seltsamerweise setzt sich Freud aber selbst über diese Theorie hinweg, da seine Therapie gerade darauf beruht, durch Bewusstmachung kausaler Zusammenhänge psychische Störungen zu überwinden. Vgl. u.a. J. Maritain, *Les Degrés du Savoir*, ŒC Bd. IV, 532, Anm. 25; *Humanisme intégral*, ŒC Bd. IV, 328; *Quatre essais* 62-65.

des geistigen Unbewussten, welches das Vor- und das Unterbewusste umfasst, ist nach dem Urteil von Y. Floucat ein Novum in Maritains Denken und der Anthropologie überhaupt[23], wie auch die kritische Untersuchung von G. Cavalcoli bestätigt[24]. Diese Sichtweise offenbart ein inneres Universum des Menschen, um das bereits der hl. Thomas und die Scholastiker wussten, mit dem sie sich aber nicht näher beschäftigten. Für sie stand die Rolle des *intellectus agens*, des tätigen Intellekts, im Vordergrund, da er an jedem Denkgeschehen, ob nun bewusst oder unbewusst, beteiligt ist und so an der Erkenntnis des Geistes entscheidend mitwirkt. Darauf bezieht sich auch Maritain, für den der tätige oder erleuchtende Intellekt die intelligiblen Keime der sinnlichen Wahrnehmung in Begriffe und Ideen verwandelt, während er selbst völlig unsichtbar bleibt. So verbindet die geistige Energie des *intellectus illuminans* alle Operationen des Geistes und damit auch beide Bereiche des Unbewussten. Sie werden „im Inneren des Intellekts durch das Licht angeregt und aktiviert"[25], das von ihm nur übermittelt wird, da er selbst nicht erkennt. So wissen wir zwar in den meisten Fällen, was wir denken, aber nicht, *wie* wir denken.
Deshalb spielen für Maritain in der Struktur unserer intellektuellen Tätigkeit „zwei Dinge eine wesentliche Rolle: Der *intellectus illuminans* sowie der intelligible Keim"[26]. Letzterem werden wir uns später eingehend widmen, während für ersteren gilt, dass er mitsamt des „Prozesses der Erleuchtung uns unbekannt bleibt und im Unbewussten stattfindet". Doch so ist „in den höchsten Regionen

[23] Vgl. Y. Floucat, *Jacques Maritain ou la fidélité à l'Éternel*, Paris 1996, 229. Eine ausführliche Untersuchung der Wirkungsgeschichte von Maritains Unterscheidung findet sich in L. Gardet – O. Lacombe, *L'expérience du Soi. Études de mystique comparée*, Paris 1981.

[24] Vgl. G. Cavalcoli, „Il problema del ‚preconscio' in Maritain", *Divus Thomas* 97 (1994) 105: „Das Bemühen Maritains, die Theorie des Vorbewussten in die thomistische Psychologie zu integrieren, verdient höchstes Lob. [...] Soweit ich weiß, hat kein anderer Thomist einen ähnlichen Versuch unternommen. Darüber hinaus wird dieser Begriff des Vorbewussten heute von vielen katholischen Theologen, auch im Bereich der Moral, verwendet; [...] dabei ist er fast immer von Kant oder Heidegger beeinflusst, [...] die allerdings keine Gewähr dafür bieten, dass der erkenntnistheoretische Realismus des christlich-biblischen Denkens gewahrt bleibt."

[25] J. Maritain, *L'Intuition créatrice* 237.

[26] *Ebd.* 225.

unserer Seele, in dieser ursprünglichen und durchlässigen Nacht, wo der Intellekt die Bilder unter dem Licht des *intellectus illuminans* aktiviert, ein Ort vorbereitet, wo die von Platon gesichtete Muse in den Menschen hinabsteigen, in ihm wohnen und echter Bestandteil unseres geistigen Organismus werden kann"[27]. Dieser Ort meint nichts anderes als die Empfänglichkeit für die schöpferische Intuition. Seine Nacht umhüllt die Quellen der Seelenpotenzen, d.h. die Wirkmöglichkeiten der Seelenfakultäten, zu denen Intellekt, Vorstellung und äußere Sinne gehören. Deren Quellen sind dem Licht des Bewusstseins zwar entzogen, aber sie treten durch die Folgen ihrer Tätigkeit und Operationen in dessen Licht.
Für H.L. Bauer stellt Maritains Verweis auf den tätigen Intellekt die Betonung „eines überkommenen Begriffes zur ‚Erhärtung' seiner Analyse" dar, nämlich der Aktivität des Vorbewussten, mit dem eine Tätigkeit umschrieben wird, die „selbst nicht erkennt, – im Sinne eines kategorialen, begrifflichen Erkennens – , aber als verborgener Grund eben diese Erkenntnis ermöglicht. [...] Das Zurückgreifen auf die Intellectus-agens-Lehre soll zeigen, wie der Begriff des geistigen Unbewussten philosophisch begründet ist: Wenn nun schon vor der abstrahierenden begrifflichen Erkenntnis eine unbewusste, unbegriffliche Aktivität des Geistes steht, wie viel mehr dann erst an der Schwelle zur poetischen Intuition, der exemplarisch unbegrifflichen Erkenntnis."[28] Und gerade durch den tätigen Intellekt werden alle Bereiche des Unbewussten und damit alles, was den Menschen ausmacht, verbunden und befähigt, die schöpferische Inspiration zu entfalten. Was geschieht dabei nun in den Tiefen des Geistes?

b) Der Gehalt der schöpferischen Intuition

Für Maritain beruht das Phänomen der poetischen Erfahrung auf einer Begegnung des Subjektes *als Subjekt* mit einer konkreten Sache. Dies führt zu einer Art intensiven Berührung oder intensiven Konsonanz beider „Subjekte". So stellt Maritain die *Dinge* und das

[27] *Ebd.* 226f.
[28] H. L. Bauer, *Schöpferische Erkenntnis. Die Ästhetik Jacques Maritains*, München – Salzburg 1968, 72.

Selbst einander gegenüber, die so auf eine besondere Weise miteinander und durcheinander sichtbar werden. Die den ganzen Menschen, also Person und Natur, umfassende Wirklichkeit des *Selbst* wird allerdings nicht als solche, sondern nur mittelbar erfasst, denn „die Substanz des Menschen bleibt ihm selbst dunkel", wie er auch „seine eigene Subjektivität nicht erkennt". Sie ist *„als Subjektivität* begrifflich nicht erfassbar, sie ist ein unerkennbarer Abgrund"[29]. Gerade darum ist die Erfahrung des Poeten so aufschlussreich, denn „die schöpferische Intuition ist ein dunkles Wissen des eigenen Selbst und der Dinge, das [...] im geistigen Vorbewussten entsteht und allein im Kunstwerk greifbar wird"[30]. In diesem offenbart sich keine abstrakte Essenz, sondern vielmehr ein lebendiges Zentrum, in dem die entscheidenden Elemente der menschlichen Person in einer besonderen Einheit gemeinsam schöpferisch wirken ohne zu verschmelzen. Der Poet erfährt, dass „die Dinge in ihm selbst widerhallen, und dass sich in ihm sie und er selbst in einem gemeinsamen Erwachen aus dem gleichen Schlaf erheben"[31]. So kann die Poesie, die in ihrer Begegnung mitschwingt und beide erfüllt, im Kunstwerk ansichtig werden.

Im Rückgriff auf die Erfahrung seiner Frau umschreibt Maritain in *L'Intuition créatrice* die poetische Erfahrung näher. Ausgangspunkt ist der Seinsstrom, der durch die Tiefen des Geistes hindurchfließt und der aller herkömmlichen menschlichen Aktivität zugrunde liegt. Er stellt eine authentische und zugleich für Begriffe nicht zugängliche Wirklichkeit dar und gleicht „in den Minuten der Hingabe an verborgene Kräfte, die beleben [...], einer natürlichen Ekstase". Dabei „taucht die Seele gleichsam in die sie durchströmende lebendige Quelle ein und geht aus ihr erneuert und gestärkt hervor"[32]. Für Maritain kommt der Auslöser dieser kreativen Intuition nicht von einer Reflexion oder dem Erfassen einer Essenz, sondern von einem konkreten Seienden, dessen konkrete individuelle Wirklichkeit in ihrer Vielschichtigkeit weniger geschaut als miterlebt wird. Dabei geht es nicht um ein begriffliches Erfassen im Sinne einer Ab-

29 J. Maritain, *L'Intuition créatrice* 242f.
30 *Ebd.* 244.
31 *Ebd.* 243.
32 J. Maritain, *Situation de la poésie* 861 bzw. *L'Intuition créatrice* 239.

straktion, sondern um eine Begegnung zwischen dem Selbst und der Sache.

Das in der poetischen Erfahrung Wahrgenommene lässt sich deshalb kaum als abstrakte Idee, als Essenz oder intelligibles Objekt bezeichnen. Darum spricht Maritain einfach vom „Erfassten [le saisi]“[33], das begrifflich nicht ausdrückbar ist. Es eröffnet den Blick auf die „unendliche Offenheit der Reichtümer des Seins“[34], welche in der poetischen Intuition durchlässig und lebendig erscheinen. Sie geben den Blick frei auf unendliche Horizonte, und so kann letztlich in der poetischen Erkenntnis das Überquellen der Dinge an Sinn- und Bedeutungsgehalt erfasst werden. Auch das vollendete Kunstwerk selbst wird letztlich nicht allein als Objekt, sondern ebenso als Zeichen dienen, das entsprechend der auslösenden Intuition „von Bedeutungsschwere überströmen und mehr sagen wird, als es ist; es wird auf seinem Antlitz in einem Blick dem Geist das Universum erschließen“. Das Kunstwerk weist gleichsam auf unbegrenzte Weise beständig „in den unendlichen Spiegeln der Analogie“[35] über sich hinaus. Dadurch gleicht das, was in der poetischen Intuition erlebt und erfasst wird, der Schau „einer Welt in einem Sandkorn“[36].

In der poetischen Erfahrung kommt gewissermaßen auf künstlerische Weise die wesenhaft analoge Wirklichkeit des Seins sowie die untrennbare Verbundenheit von Essenz- und Existenzordnung zum Vorschein. Offensichtlich werden auch im Zentrum des Poeten beide Aspekte gemeinsam erfasst, denn nur wenn der Poet in seinem Innersten über die gleiche Struktur verfügt wie das Gegenüber, kann in der individuellen Sache der unfassbare Horizont des Seins aufscheinen.

Mit anderen Worten: Es handelt sich bei der poetischen Erfahrung um das geistige Erleben der Existenz des einzelnen Dinges. Diese Begegnung bringt das Selbst des Poeten in seiner Ganzheit zum Mitschwingen, teilweise mit Vehemenz und Gewalt, teilweise durch

---

[33] J. Maritain, *L'Intuition créatrice* 258.
[34] *Ebd.* 259.
[35] *Ebd.* 261.
[36] *Ebd.* 253. Maritain übernimmt dieses paradoxe Bild von W. Blake, *Auguries of Innocence* (in *Zwischen Feuer und Feuer*, dt. Übers. und Hrsg. T. Eichhorn, München ³2000, 168), dessen erste Strophe lautet: „To see a World in a Grain of Sand / And a Heaven in a Wild Flower / Hold Infinity in the palm of your hand / And Eternity in an hour.“

eine gleichzeitig gefühlshafte und intellektuelle Begegnung, teilweise auch durch eine einfache erfahrungshafte Wahrnehmung.[37] Diese Resonanz wird gemäß der Struktur des menschlichen Geistes in eine geistige Entität verwandelt. Dieser geistige Keim besitzt eine eigene Dynamik, weshalb Maritain nicht nur vom „Erfassten", sondern auch von einer „geistigen Emotion" spricht. „Emotion" ist dabei nicht als eine subjektive Stimmung oder ein unbestimmtes Gefühl zu verstehen, sondern meint eine innere Anregung, die wie ein Instrument oder Zeichen eine innere Zielgerichtetheit besitzt im Sinne einer Intention auf die Schaffung des betreffenden Werkes hin.[38] Diese Anregung ist eine „Emotion-*Form*, die eine Einheit mit der schöpferischen Intuition bildet und dem Gedicht Form verleiht, eine Ausrichtung wie eine Idee hat, aber die in sich unendlich mehr trägt als sie selbst ist"[39]. So kommt es, dass „in der poetischen Erkenntnis die Emotion die Wirklichkeit, welche die Seele erleidet – eine Welt in einem Sandkorn – in die Tiefe der Subjektivität und des geistigen Vorbewussten des Intellekts transportiert"[40] und damit zugleich den tätigen Intellekt involviert. Damit sind wir bei der Frage, wie diese besondere Emotion vom geistigen Vorbewusstsein im Bewusstsein des Poeten auftaucht und ihn zur Gestaltung des Kunstwerks führt.

c) Maritains Seelenmodell

Bereits in *Quatre essais* stellt Maritain die Geistseele ausdrücklich als Zentrum des Menschen dar, aus welchem der Intellekt durch Emanation hervorgeht. Einerseits durchdringen sich Geist und Intellekt gegenseitig auf vollkommene Weise, andererseits sind sie doch zu unterscheiden, da die Substanz der Seele nicht in ihren Fakultäten aufgeht oder sich in deren Tätigkeiten erschöpft. Vielmehr

---

[37] Vgl. J. Maritain, *L'Intuition créatrice* 247f.
[38] Vgl. *ebd.* 249f.
[39] *Ebd.* 250. Vgl. dazu auch J. Maritain, *Frontières de la poésie* 794: „L'émotion créatrice n'est pas matière mais *forme* de l'ouvrage, ce n'est pas une émotion-chose, c'est une émotion intuitive et *intentionnelle*, qui porte en soi beaucoup plus qu'elle-même. C'est le soi de l'artiste en tant que substance secrète et personne en acte de communication spirituelle qui est le contenu de cette émotion formatrice."
[40] *Ebd.* 253.

„entspricht es der inneren Natur der Seele, die mit dem Leib verbunden ist, sich nach außen zu kehren, um einen Erkenntnisakt zu vollbringen. Anders gesagt vollbringt sie mit Hilfe der Sinne und der geistigen Bilder den Erkenntnisakt."[41] Dies wird ermöglicht durch die vorläufige Passivität des Intellekts, der wie eine *tabula rasa* darauf angelegt ist, durch den *intellectus illuminans* informiert zu werden.
In *L'Intuition créatrice* erläutert Maritain die von der Seele und dem *Selbst* des Poeten ausgehende einigende wie auch frei *gestaltende* Tätigkeit. Diese offenbart die Struktur der Seele, und darin das innere Gesetz der Freigebigkeit mitsamt der Kreativität des Geistes. Dieses besondere Leben ist im geistigen Vorbewussten anzusiedeln und ist frei von Begriffen und abstrakten Ideen, welche das logische Denken und das menschliche Leben ansonsten bestimmen.[42]
Bereits Thomas von Aquin hält nicht nur die Seelenpotenzen und die Essenz der Seele auseinander, sondern er versteht die Seele sowohl als Teil wie auch als einigendes Ganzes. Das bedeutet, dass die Seele als Form eine aktuierte Wirklichkeit ist, zugleich aber Trägerin von Vermögen, die in den Akt übergehen können. Darüber hinaus ist die Seele das innere geistige Prinzip des Leibes, welches jedem seiner Teile die Existenz vermittelt; ebenso ist sie aber auch Trägerin der geistigen Individualität, welche den konkreten Menschen vom anderen unterscheidet.
Vor dem Hintergrund dieser Ausführungen stellt Maritain das abgebildete Schema[43] vor, mit dem er die innere Verbindung der Seelenpotenzen des Menschen veranschaulicht. Er ergänzt die scholastische Unterscheidung zwischen Essenz und Fakultäten der Seele mit dem bereits dargelegten bewussten, unter- und vorbewussten Bereich. Nach diesem Modell umfassen Intellekt, Vorstellung und äußere Sinne jeweils die darunter liegende Fakultät. Sie sind innerlich miteinander verbunden und gehen auseinander hervor.[44] Jede von ihnen verfügt einerseits über einen vorbewussten

[41] J. Maritain, *Quatre essais* 173f., Anm. 12.
[42] Vgl. J. Maritain, *L'Intuition créatrice* 220f.
[43] Vgl. *ebd.* 235.
[44] *Ebd.* 234: „Saint Thomas enseigne que selon cet ordre des priorités naturelles, les puissances les plus parfaites émanent avant les autres, et [...] que dans cette procession ontologique une puissance ou faculté procède de l'essence de l'âme *par la médiation ou l'instrumentalité d'une autre* – qui émane avant elle."

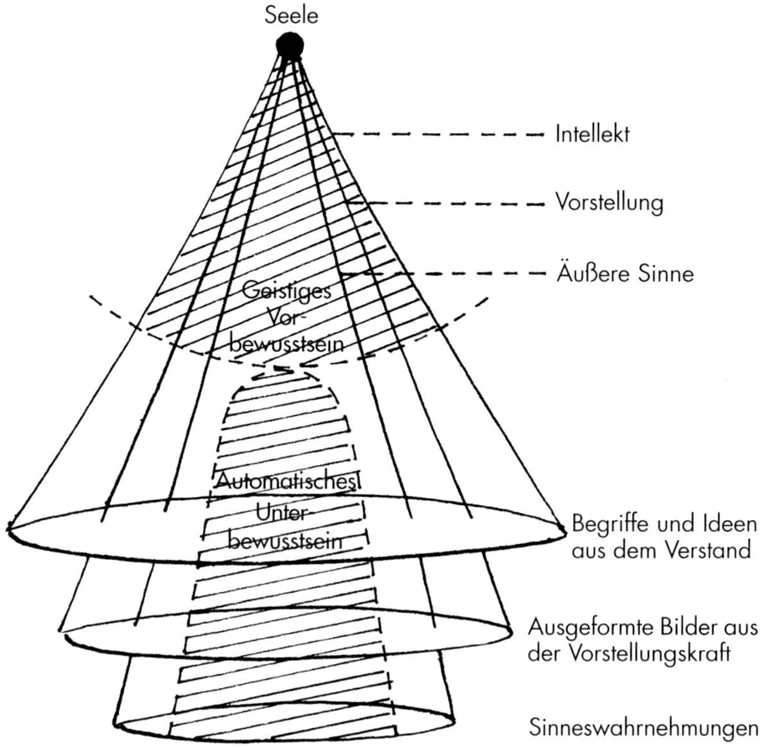

Teil, der aber andererseits im Bewusstsein durch Begriffe und Ideen, explizite Bilder sowie in Form von Sinneswahrnehmungen auftaucht. In allen drei Fakultäten gibt es auch einen Bereich, der dem automatischen Unterbewussten angehört. Dieses führt zwar „für sich ein wildes Leben", aber die Fakultäten, die es involviert, also Vorstellung und Sinne, sind nicht vom Intellekt getrennt, sondern „sie sind beim Menschen in einen wahrhaft humanen Zustand erhoben, wo sie auf irgendeine Weise am Intellekt teilhaben und wo ihre Ausübung wie vom Intellekt durchdrungen ist"[45].

[45] *Ebd. 237f.*

Aber „das, was uns interessiert, ist die Tatsache, dass es *eine gemeinsame Wurzel* aller Seelenpotenzen gibt“[46]. Diese hält als der „Mittelpunkt der Seele“ alles zusammen und ist zugleich „der einzige Ursprung der Seelenpotenzen“[47]. Bereits Thomas von Aquin spricht von der „Essenz der Seele, die wie die Wurzel aller Seelenkräfte“[48] fungiert. Diese Wurzel bildet gewissermaßen die Schaltstelle zwischen den einzelnen Fakultäten der Seele, insofern sie allesamt in ihr wie in einem Gipfel oder einer Spitze zusammenlaufen bzw. aus ihr hervorgehen. Dies bedeutet, dass sie zwar alle untereinander verbunden sind, aber nicht unmittelbar aufeinander einwirken, sondern vermittels ihres Gipfels, des *apex animae*, in einem lebendigen Austausch stehen.[49]

Die Seelenspitze wirkt somit als der Einheitspunkt, der alles in sich aufnimmt, was ihm durch Intellekt, Vorstellung und äußere Sinne übermittelt wird. Freilich sammelt er dabei nicht nur Daten an, sondern durch den *intellectus possibilis* kann er mit allem, was ihm der *intellectus illuminans* mitteilt, intentionaliter völlig einswerden, es vergeistigen und damit vollständig in Besitz nehmen. In diesem Kontext zeigt sich nun die besondere Sensibilität des Poeten. Sein geistiges Vorbewusstsein verfügt gleichsam über „eine Reserve an Vitalität, [...] die frei ist von der Arbeit der rationalen Erkenntnis“. Doch dies ist keine zufällige Freiheit, sondern „dieses freie Leben des Intellekts ist ebenso kognitiv wie produktiv. Es gehorcht einem inneren Gesetz von Expansion und Freigebigkeit, welches die Manifestation der Kreativität des Geistes zur Folge hat.“ Diese vitale Reserve „wird geformt und bestimmt durch die schöpferische Intuition. In diesem freien Leben des Intellekts, das ein freies Leben der Vorstellungskraft einschließt, an der einzigen Wurzel der Seelenpotenzen sowie im geistigen Vorbewussten, hat die Poesie ihre Quelle.“[50]

---

46 *Ebd.* 238.

47 *Ebd.* 182.

48 Thomas von Aquin, *De Virtutibus*, q. 1, a. 4, ad 3m: „Nam essentia animae est radix potentiarum.“

49 Bereits in *Frontières de la poésie* (714) sprach Maritain von der „aktiven Seelenspitze“ als einem „geistigen Instinkt, der in Kontakt mit dem Himmel der Transzendentalien steht und aus dem die Poesie hervorkommt“. Und in *Les Degrés* (797) sieht er in der Seelenspitze auch den Ort der mystischen Erfahrung: „En expérimentant Dieu mystiquement, l'âme expérimente de même, à la pointe la plus cachée de son activité sanctifiée, sa propre nature d'esprit.“

50 J. Maritain, *L'Intuition créatrice* 238.

Die Poesie bezeugt daher „die Freiheit des schöpferischen Geistes", also nicht nur die „des Intellekts oder der Vorstellungskraft allein". Vielmehr impliziert die Poesie eine Ganzheitlichkeit oder Unversehrtheit, welche nur gegeben ist, wenn sie „aus der Ganzheit des Menschen hervorgeht, also Sinne, Vorstellung, Intellekt, Liebe, Sehnsucht, Instinkt, Blut und Geist – alles zusammen" einschließt. Es geht also um die geistige Einheit, „diese Totalität" des Poeten selbst, die sich „am Seelenzentrum [...] im Zustand der schöpferischen Quelle"[51] befindet. Dort werden seine Natur und sein Ich[52], seine Person und seine Freiheit, die schöpferische Potentialität und die Ressourcen der Seelenfakultäten zusammengehalten. Dort ist auch das Zentrum, wo die Person „Ich" sagt und sich selbst als eigenständiges Subjekt erfährt.

Das Bild der schöpferischen Quelle ist für Maritain eine treffende Umschreibung aller geistigen Tätigkeit, da die Person im Geist empfängt und sich verwandelt, sich aber ebenso in Erkenntnis und Liebe mitteilt. Dadurch kommt ihre besondere geistige Natur zum Vorschein, die nicht ein materielles und damit ein sich erschöpfendes Weitergeben im Sinne eines äußerlichen (transitiven) Aktes, sondern das Überströmen des Geistes ausdrückt (immanente Akte). Diese Überfülle gewährleistet der menschlichen Person sowohl eine unbegrenzte passive Aufnahmefähigkeit aller Seienden als auch ein aktives In-Besitz-Nehmen und die Schaffung einer Einheit von innen her. Ebenso kann die Person etwas von sich, ja sogar sich selbst, mitteilen, ohne sich darin zu verlieren oder sich in einem solchen Akt zu erschöpfen. Vielmehr ist sie durch ihre Geistbegabung in der Lage, ihre Freiheit im Rahmen ihrer Natur zur Vollbringung moralischer, künstlerischer und anderer wertvoller Akte einzusetzen. Bereits in *Questions de conscience* aus dem Jahre 1936 untersucht Maritain diese Grundwirklichkeit der Person und beschreibt sie als eine **geistige Überexistenz**[53]. So ist die menschliche Person eine „geheimnisvolle Tiefe und Quelle dynamischer Einheit", die über

[51] *Ebd.* 239.

[52] Vgl. J. Maritain, *Poèmes et essais* 664*f.*: „Elle [la poésie] naît dans l'homme en **son moi** le plus profond, là où s'originent toutes ses facultés."

[53] Zum Begriff der geistigen Überexistenz vgl. J. Maritain, *La Philosophie bergsonienne*, ŒC Bd. I, 46; *Les Degrés* 467; *Court traité* 51-55; *L'Intuition créatrice* 278.

sich verfügt, indem sie ihre *geistige Überexistenz* durch Operationen von Wille und Intellekt steuert.
Das Phänomen der Poesie offenbart somit den *apex animae* als das einheitsstiftende Zentrum, das alles, was zur Person gehört, und damit alle potentielle Verschiedenheit in sich vereint und von innen her zusammenhält, also *geeinte Verschiedenheit* **ist**. Beide Momente, Einheit wie auch Verschiedenheit, können nicht für sich allein bestehen; vielmehr gleichen sie zwei Polen, zwischen denen das geistige Leben einer Person hin- und herschwingt.

d) Die Wirkweise der Seelenfakultäten

Nach Maritain ist mit dem „Erleiden" einer konkreten Sache in komprimierter Form in der Seelenspitze des Poeten nur der erste Schritt getan. Der dabei gebildete Keim, die kreative Emotion, wird entfaltet, indem sie von der Seelenspitze in deren Fakultäten weitergeleitet wird, welche wir im Folgenden als „*anima ordinaria*" oder „Seele an sich" bezeichnen wollen. Dabei kommt es unter dem Licht des *intellectus illuminans* zu einer doppelten Wirkung. Einerseits weitet sich die Emotion aus und durchdringt die ganze Seele, indem sie sich dieser gemäß ihrer Natur (konnaturell) angleicht. Dabei stößt sie aber andererseits auf die lebendigen Quellen der Seele, zu denen die Vitalität des Intellekts sowie das ganze Universum der Bilder, Erinnerungen, Assoziationen und Gefühle gehören, die bereits in der Subjektivität vorhanden sind.[54]
Die Expansion oder Emanation der kreativen Emotion löst also eine geistige Bewegung aus, welche die bis dato unbestimmte Vitalität und virtuelle Überexistenz des Geistes aktiviert und wodurch eine *verobjektivierte* geistige Ähnlichkeit zwischen der auslösenden Wirklichkeit und der Subjektivität des Poeten entsteht. Das bedeutet, dass die kreative Emotion weiter vergeistigt wird und der auf nicht-rationale Weise aktivierte Intellekt durch diese Ähnlichkeit bestimmt wird. In ihm wird damit die Frucht der Begegnung zwischen der Subjektivität des Poeten und der Wirklichkeit auf die Ebene der Objektivität gehoben und überträgt damit mehr als sich selbst. Dieser geistige Gehalt wird gleichsam für den Intellekt ein bestimmendes oder instrumentales Mit-

[54] Vgl. J. Maritain, *L'Intuition créatrice* 254.

tel, wodurch „auf dunkle Weise das erfasst wird, was die betreffende Emotion in der Seele ausgelöst hat. Darin sind auch andere, noch tiefere und unsichtbarere Aspekte enthalten, [...] welche wiederum mit der auf diese Weise berührten Seele eine Angleichung eingehen und in ihr widerhallen."[55]
Dieser Vorgang der Vergeistigung ist für die Seele nichts Außergewöhnliches. Vielmehr besteht die Natürlichkeit dieses Vorgangs gerade darin, dass er sich der naturhaften Kreativität der Seele bedienen kann. Dies ist der inneren Struktur des Intellekts zu verdanken, den es aufgrund seiner geistigen Überexistenz danach drängt, sich schöpferisch zu verströmen und damit der menschlichen Natur Ausdruck zu verleihen. Deshalb strebt der menschliche Intellekt ständig danach, etwas hervorzubringen. Dabei geht es nicht allein um rein geistige Begriffe, sondern um die Schaffung eines Werkes, das der eigenen Realität entspricht, also zugleich geistig wie auch materiell ist. Dazu bedarf es zwar der Mithilfe des Willens und der dazugehörigen Potenzen, aber diese Tätigkeit tut letztlich nichts anderes als das natürliche geistige Überströmen des Intellekts in rechte Bahnen zu leiten.[56]
Dank der natürlichen Kreativität der Seelenpotenzen wird eine Übertragung der poetischen Intuition in die konkrete Vorstellung des Kunstwerks gewährleistet, in welcher dann der unerschöpfliche Bedeutungsgehalt aufscheinen kann, sofern das zu Schaffende wirklich Poesie atmet. Das Publikum erhält gleichsam einen Einblick in die unaufhörliche existentielle Interkommunikation der Dinge, wie sie der Poet erlebt. So ist es die Poesie, „welche die geheimen Bedeutungen der Dinge und den noch geheimnisvolleren Gehalt der dunkel offenbarten Subjektivität, die alle anderen Dinge umfasst, einfängt, um sie gemeinsam in eine zu formende Materie zu werfen". In dieser, also im konkreten Kunstwerk, manifestiert sich dann „ein vollständiger und vielschichtiger Sinngehalt, durch den das Kunstwerk *existiert*" und welcher „den poetischen Sinn des Werkes konstituiert"[57].
Allerdings geht aus einer einmaligen Ausweitung des geistigen Keimes in die Seelenfakultäten die Idee des Kunstwerkes noch nicht vollständig hervor. Es bedarf eines häufigen Hin und Hers, um in kleinen Schritten das ins Bewusstsein zu holen, was im geistigen Vorbewussten

[55] *Ebd.* 255.
[56] Vgl. *ebd.* 172.
[57] *Ebd.* 261f.

schon virtuell schlummert. Umgekehrt tragen natürlich auch die Seelenfakultäten dazu bei, dass das geistige Zentrum immer sensibler und aufnahmebereiter wird und dass das, was letztlich die ganze Seele erfüllt, völlig vergeistigt und damit von der Person in Besitz genommen wird.

3. Die lebendigen Tiefen der Person

a) Die Eigendynamik der Seele

Entscheidend für die poetische Intuition ist nach Maritains Auffassung in *L'Intuition créatrice* die Tatsache, dass es in der Seelenspitze zu einer Begegnung zwischen dem Selbst und einer Sache kommt. Dies führt zur Bildung eines geistigen Keimes, der wie eine zielgerichtete Emotion zur Umsetzung ins Kunstwerk drängt. Ein solcher geistiger Keim trägt bereits alles in sich, birgt also zum Beispiel ein Gedicht schon virtuell in sich.[58] Zu dessen Entfaltung strömt das Erfasste auf die Seelenfakultäten über und aktiviert die Potenzen des Geistes. Allerdings wird der Keim nicht auf einen Schlag freigesetzt, sondern fordert immer wieder ein Zurückkehren zur auslösenden Intuition, ein Überprüfen des auf diese Weise Entstehenden oder bereits anfänglich geschaffenen Kunstwerkes an der kreativen Emotion. Dabei geht es um eine Ausweitung des in der Seelenspitze Erfassten in die Fakultäten der Seele, aber gerade diese Bewegung führt auch zur Vertiefung der Subjektivität und der Seelenspitze und macht sie noch empfänglicher und sensibler für ihr Innenleben. So kann in absoluter Treue zur schöpferischen Intuition das Kunstwerk in der alle Potenzen umfassenden Seele vorgebildet werden, bevor es dann extramental Gestalt annimmt.[59]

---

[58] Vgl. *ebd.* 270: „Dès l'origine l'intuition poétique contient et embrasse virtuellement le poème comme un tout, et demande à passer par lui comme un tout."

[59] Vgl. *ebd.* 276*f.*: „Puisque l'intuition poétique naît dans ces recès, où l'intellect, l'imagination, toutes les puissances de l'âme souffrent dans l'unité quelque réalité du monde existant qui leur est apportée par une émotion intentionnelle, elle implique avant tout une certaine alerte réceptivité. Comme le mystique pâtit les choses divines, le poète est là pour pâtir les choses d'ici-bas. [...] Le degré de force créatrice de l'intuition poétique est proportionnel au degré de profondeur d'une telle passivité attentive."

Diese Wechselwirkung zwischen dem *apex animae* und der *anima ordinaria* illustriert Maritain mit dem Bild der Herztätigkeit. Wenn nämlich die poetische Erfahrung oder Intuition auftritt, bündelt sie alle inneren Sinne und Potenzen der Seele.[60] Dies geschieht in einer inneren Ruhe und Konzentration, die nicht mit Anspannung oder Anstrengung verbunden ist, sondern eher mit einem erfrischenden und reinigenden Bad zu vergleichen ist, das neuen Eifer, Enthusiasmus und Schaffenskraft schenkt. Diese geistige Kontraktion oder **Systole** der Seele *ist* bereits die Inspiration, welche die Seelenspitze erfüllt. Während dabei die äußere Welt und die äußeren Sinne ihren Einfluss auf die Seele verlieren, bleibt das innere Gleichgewicht und die Verbindung der Seelenspitze mit ihren Potenzen unverändert bestehen. In dieser inneren Sammlung trifft die poetische Intuition als einzige „Form" auf den *apex* bzw. ist der Grund für die schweigende und natürliche Bündelung aller seiner Fakultäten.[61]
Dieses affektiv-konnaturale Einswerden von Subjektivität und konkreter Sache in der Seelenspitze kann freilich kein Dauerzustand sein, sondern nur die erste Stufe bilden. Auf sie folgt die Ausweitung oder Expansion der poetischen Intuition. Wie bei der **Diastole** werden dabei alle Potenzen involviert und sämtliche virtuellen Energien der Seele aktiviert, so dass die poetische Intuition förmlich in die *anima ordinaria* emaniert.[62] Ob nun dieses Überfließen in Form eines kaum wahrnehmbaren Säuselns oder eines gewaltigen

---

[60] Vgl. *ebd.* 398: „L'expérience poétique est ainsi, quand elle émerge sur le rebord du préconscient spirituel, un état de connaissance obscure, inexprimée et savoureuse. [...] Dans un tel contact spirituel de l'âme avec elle-même, toutes les sources sont touchées à la fois, et la première obligation du poète est de respecter l'intégrité de cette expérience originelle."

[61] Vgl. *ebd.* 399.

[62] Vgl. *ebd.* 402*f.*: „Dans la phase de **systole** et de repos unifiant, toutes les forces de l'âme, rassemblées dans la quiétude, étaient donc dans un état de virtualité et d'énergie dormante. Et l'intuition poétique, encore préconsciente, était le seule acte formé à l'intérieur de la vie préconsciente de l'intellect, et la secrète raison de cette concentration silencieuse. [...] C'est ainsi qu'après le silencieux recueillement un souffle s'élève, venant non pas du dehors, mais du centre de l'âme – quelquefois un souffle presque imperceptible, mais fort et contraignant, par lequel tout est donné dans l'aisance et l'heureuse expansion. [...] Voilà la phase de **diastole**, et d'inspiration, telle qu'elle se manifeste dans ses formes les plus apparentes et les plus habituellement reconnues."

Sturmes, eines Gesanges oder eines Wortschwalls erfolgt, – die Frucht ist jeweils die gleiche, nämlich die Weitergabe des poetischen Sinnes. So breitet sich die Poesie wie eine innere oder geistige Melodie aus, erfüllt zunehmend die gesamte Geistseele und bildet dabei die geistige Form des entstehenden Kunstwerkes aus.[63]
Dieser Wechselvorgang von Kontraktion und Expansion führt zu einer Wellenbewegung, die zwischen der Seelenspitze und der Seele als solcher hin- und herschwingt. Auslöser ist die poetische Intuition, die sich mit der Wurzel der Seele in einem Zustand völliger Einfachheit konnatural vereint. Intuition meint aber zugleich Intention oder innere Ausrichtung; sie kommt also nicht eher zur Ruhe, als bis sie wie eine mentale Welle oder Schwingung ihre Dynamik und virtuelle Energie ins materielle Kunstwerk übertragen hat. Aus gutem Grund vergleicht Maritain diese Einzelwellen mit einer „dynamischen Ladung oder einem intuitiven Anstoß"[64], der vom *intellectus illuminans* aufgenommen wird. Dieser wiederum sorgt dafür, dass der Komplex von virtuellen Bildern, Emotionen und Vorstellungen in die Potenzen der Seele expandiert und so seine innere Zielgerichtetheit und Dynamik weitergibt. Dies führt zu einer immer stärkeren Wechselbewegung in der lebendig schwingenden und sich bewegenden Welt der Seele, die sich kreativ und frei entfaltet.[65]
Da es sich bei diesem Vorgang „nicht um Worte, sondern um rein psychische Ausdrucksformen handelt"[66], nimmt Maritain die Welt der Musik zu Hilfe. Wie sich bereits zeigte, drängt der Intellekt

---

[63] Vgl. *ebd.* 403. Vgl. auch *ebd.* 477: „Il arrive, parfois, que soit donné en même temps [dès la première phase de l'expression poétique] le premier vers du futur poème."
[64] *Ebd.* 473.
[65] Vgl. *ebd.* 472f.: „D'une côté nous avons un éclair actuel de connaissance – expérience poétique, intuition poétique [...]. D'un autre côté, nous avons un milieu spirituel – une sorte de monde fluide et mouvant, activé par la lumière diffuse de l'Intellect Illuminateur, et en apparence endormi mais secrètement tendu et vigilant – qui est cette vie préconsciente de l'intellect [...], pleine d'images et pleine de mouvements émotionnels [...]. L'intuition poétique s'épand dans ce milieu, et cette expansion se produit dans le temps, onde après onde, [...] bien qu'elle n'use en aucune manière des mots, une expression purement psychique [...]. Tout se passe, me semble-t-il, comme si, dans la relation entre cette indivisible unité de l'intuition poétique et les successives unités partielles de son expansion ou expression dans son propre milieu vital, il y avait à l'état naissant une sorte de musique."
[66] *Ebd.* 472f.

aufgrund seiner natürlichen Überexistenz von sich aus danach, „zu singen und sich im Kunstwerk zu manifestieren“[67]. Dabei ist er offen für die poetische Intuition, die sich „im Status ihrer Entstehung wie eine Art Musik“ manifestiert, so dass die von ihr ausgehenden intuitiven Anstöße „nichts anderes darstellen als einen *befreiten Sinngehalt* in einer Bewegung, das heißt eine Art von Melodie, [ausgehend] von ihrem Ursprungszustand, ihrer Urmelodie“[68]. Freilich beziehen sich Musik oder Melodie nicht auf hörbare Klänge. Vielmehr will Maritain damit sagen, dass poetische Intuition oder „poetischer Sinn der inneren Melodie des Gedichts entspricht – wahrnehmbar für den Geist, nicht für das Ohr – , denn auch in der Musik verkörpert die Melodie die lebendige angeborene Kraft, rein und unmittelbar, [...] der poetischen Intuition“[69]. Was geschieht nun bei diesem „Melodietransport“?

Durch eine beständige „wellenartige geistige Herztätigkeit“, durch die wiederholte An- und Entspannung kommt es zu einer Ausweitung der poetischen Intuition aus der Spitze in das Milieu der Gesamtseele mittels der genannten dynamischen Schübe. Diese führen zu einer allmählichen Aktivierung von ausdrücklichen Bildern, von zunehmend differenzierbaren Emotionen, also zu einer „Ausweitung von musikalischen Schwingungen in der Seele des Dichters“. Dadurch werden diese immer eindringlicher und steigen durch rhythmische und harmonische Wechselbeziehungen zusammen mit der Melodie, aber noch ohne Klang, „ins Bewusstsein auf“[70].

Maritain liegt viel daran, diese zwei Phasen deutlich voneinander zu unterscheiden, nämlich „den vorübergehenden (keimhaften) Ausdruck dieser *natürlichen* Zeichen, also die bild- und gefühlshaften Anstöße [...], sowie die Verkörperung durch diese *sozialen* Zeichen, die die Worte der Sprache bilden“. So gibt es letztlich zwei wesentlich verschiedene „Musikarten“, nämlich „die Musik der intuitiven Impulse im Inneren der Seele, sowie die Musik der Worte – und der in den Worten enthaltenen Bilderwelt – , die von der Seele nach außen, in die äußere Welt, dringt“[71]. Und obschon „der Intel-

[67] *Ebd.* 172.
[68] *Ebd.* 473.
[69] *Ebd.* 424.
[70] *Ebd.* 474.
[71] *Ebd.* 476f.

lekt zwar vor der ersten Phase der poetischen Ausdrucksweise auf der Hut ist, so ist er es in Wahrheit doch nur, um zu hören, um die poetische Intuition und das, was durch sie gegeben wird, nämlich die Musik und die bild- und gefühlshaften Impulse, zu vernehmen"[72].
So lassen sich zusammenfassend drei Entfaltungsstadien des Kunstwerkes ausmachen:
Den Ausgangspunkt oder die erste Phase bildet „die schöpferische Nacht des vorbewussten und unbegrifflichen Lebens des Intellekts". Dort befindet sich die „poetische Intuition in einem reinen, ursprünglichen und geburtshaften, in einem unschuldigen und vollständigen Zustand, im Status einer göttlichen Gabe". Von dort aus schreitet sie in der zweiten Phase „weiter in der ‚vierten Dimension', [...] nämlich auf den Stufen qualitativer Verschiedenheit hinsichtlich der spezifischen Perspektive oder des Blickwinkels des Intellekts. Auf diese Weise dringt die poetische Intuition in die Morgendämmerung des Intellekts ein." Freilich verliert sie damit ihren konnaturalen Zustand mit dem Selbst des Poeten. Diese vorläufige Form intersubjektiver Konnaturalität impliziert notwendig eine „Entpersönlichung", da ihr Ziel in der „Freilegung der in ihr enthaltenen objektiven Virtualität", nämlich der Poesie besteht, wie sie dem „mental erfassten Kunstwerk, dem Kunstwerk als Denkinhalt"[73] zu eigen ist. Dieser Vorgang der qualitativen Entfaltung der kreativen Emotion findet seinen Abschluss in der dritten Phase, in welcher der Intellekt wie im Tageslicht das auszuführende Kunstwerk unter dem Aspekt der künstlerischen Gesetze schaut. Dabei werden die im poetischen Sinn enthaltenen Virtualitäten belebt und aktualisiert und die Ausführungsstufen erwogen. So geht „die poetische Intuition [...] in Form einer harmonischen Expansion in das Kunstwerk über"[74].

b) Die Seelenspitze – das Herz der Person

Während die vorausgegangenen Überlegungen vor allem die einzelnen Schritte der poetischen Intuition im Blick hatten, soll nun der Blick nochmals auf den Einheitspunkt der Seele gerichtet werden.

72 *Ebd.* 477.
73 *Ebd.* 550.
74 *Ebd.* 552.

Maritain stellt in seinem Schema in *L'Intuition créatrice* die *essentia animae* als Punkt dar.[75] In ihm gipfeln gleichsam die Seelenpotenzen, so dass er auch als Zentrum der Person verstanden werden kann. Gerade in ihm, in der „Tiefe der Subjektivität", kommt es zur entscheidenden Begegnung zwischen der Sache und dem Selbst, da „**alle** vereinten Seelenpotenzen eine Wirklichkeit der existierenden Welt erleiden"[76]. Die schöpferische Intuition entsteht dort, wo die Selbstinnerlichkeit ihren Sitz hat[77], nämlich „in der einen Wurzel der Seelenpotenzen, wo die ganze Subjektivität in einem wachenden und virtuell kreativen Zustand zusammengezogen ist [...] wie eine natürliche Gnade oder Erstlingsgabe"[78]. So ist es möglich, dass in der jeweiligen Begegnung zwischen der Sache und dem Poeten sämtliche Fakultäten oder „alle Quellen zugleich berührt"[79] und der Poet *„als Person"*[80] betroffen wird. So ist es nicht verwunderlich, dass für Maritain der Seelengrund als Zentrum der Person dem entspricht, was im übertragenen und vor allem biblischen Sinn mit dem Herzen umschrieben wird.[81] Auch das Herz meint sowohl die ganze Person und ihre innere Struktur wie auch ihr verborgenes Zentrum, in welchem sie ihre Entscheidungen fällt und wo deren Konsequenzen sich auswirken.[82]
So wird das Gesamt der Seele, werden alle Tätigkeiten und Bereiche, welche das materielle Individuum und die geistbegabte Person betreffen, im Herzen vereint. In ihm bündeln sich wie in einer Wurzel alle Faktoren, wenn sie in der Phase der Systole von innen

---

75 S. o. 131.
76 *Ebd.* 276.
77 Vgl. *ebd.* 241f.
78 *Ebd.* 397.
79 *Ebd.* 398.
80 *Ebd.* 279.
81 Vgl. dazu den Aufsatz von Maritains Zeitgenossen B. Vyšeslavcev („Il Cuore nella mistica cristiana e indiana", in *L'intelligenza spirituale del sentimento*, ital. Übers. u. Hrsg. Centro Aletti, Roma 1994, 35): „Das Herz ist tiefer und sozusagen zentraler als alle psychologischen Bewusstseinszentren. Das Herz ist nicht nur das Zentrum des Bewusstseins, sondern auch all dessen, was nicht erkennbar ist, ob es nun aus der Seele, dem Geist oder dem Leib stammt; d.h. das Herz ist sowohl Zentrum dessen, was mit dem Intellekt erfasst werden kann, als auch dessen, was nicht erfassbar ist. Mit einem Wort: Es ist das **absolute Zentrum**."
82 Vgl. J. Maritain, *La loi naturelle ou loi non écrite*, ŒC Bd. XVI, 874.

her geeint werden. Da die Person nicht eine abgesonderte Realität darstellt, sondern mit ihrer Umgebung in vielfältiger Weise kommuniziert, ist es möglich, dass diese mit „gewissen inneren Aspekten das Herz der schöpferischen Subjektivität"[83] und damit die Person selbst berührt. Dies führt bei der schöpferischen Inspiration zur Bildung einer Schwingung oder Resonanz, die vom Herzen als dem Zentrum der Seele aufgenommen wird und von dort aus auf die anderen Seelenfakultäten übergeht und sie aktiviert.[84] So wird das Herz zum Ausdruck des schöpferischen Selbst und der Selbstinnerlichkeit, von dem aus die für den Geist typischen Akte der Überexistenz ihren Ausgang nehmen. Zugleich umfasst das Herz auch den übernatürlichen Aspekt des Menschen, nämlich „den verborgenen Bereich, in dem sich kraft der übernatürlichen Gabe Gottes das Zentrum der Gnade und der Anfang des ewigen Lebens befindet"[85].

Die Untersuchung des Überganges der poetischen Intuition von der Seelenspitze in die Gesamtseele hat gezeigt, dass sich beide zueinander wie zwei Pole verhalten, die durch eine mentale Welle oder Schwingung in ständigem Austausch stehen. Die beiden Pole sind Teil der *einen* menschlichen Person oder Subjektivität, die zwischen An- und Entspannung, zwischen Einheit und Verschiedenheit alterniert. Die Seelenspitze umfasst die ganze Leib-Seele-Einheit in einem Status, der zugleich höchste Komplexität und virtuelle Vielfalt in sich birgt. So lässt sich der Seelengipfel verstehen als ein alles zusammenhaltender Punkt, der die Einheit des Subjektes mit sich (Selbstinnerlichkeit) gewährleistet, aber ebenso in der Phase der Diastole eine Selbstdistanz ermöglicht. Die Diastole ist gleichsam ein Zurücktreten von den eigenen Operationen und lässt damit dem Ich genügend Raum für eine freie Selbstverfügung. Mit anderen Worten: Die Person ist das, was sich im Zustand der geistigen Systole erfährt und in der Diastole ausdrückt.

---

83 J. Maritain, *L'Intuition créatrice* 140.

84 Vgl. *ebd.* 472: „Une sorte d'ébranlement musical, de chant informulé, sans mots ni sons, absolument inaudible à l'oreille, audible seulement au **cœur**, voilà le premier signe qui fait reconnaître la présence de l'expérience poétique à l'**intérieur de l'âme**."

85 J. Maritain, *De la grâce et de l'humanité de Jésus*, ŒC Bd. XII, 1081, Anm. 1.

So kann man sagen, dass im Herzen oder im *apex animae* alle entscheidenden Momente der menschlichen Person zusammengehalten werden bzw. von ihm wie von einer gemeinsamen Wurzel oder Quelle ausgehen. In der *psychologischen* Ordnung gehören dazu alle Formen von Affektivität und Motivation, ob bewusst oder unbewusst, alle Fähigkeiten und Gaben, und ebenso eine besondere Sensibilität wie auch Kreativität. Hinzu kommen auf *intellektuellem* Niveau die vielfältigen Möglichkeiten konnaturaler Erkenntnis sowie auf der Ebene der *praktischen* Vernunft im Zusammenwirken mit dem Willen die Möglichkeit zu schöpferischem Wirken. Auf *ontologischer* Ebene meint das die Subsistenz sowie die freie und kreative Ausübung des eigenen Existenzaktes, was auch die Verbindung mit allen Seienden und mit der subsistierenden Quelle allen Seins einschließt. Sie sind „alle gemeinsam vom aktivierenden Einströmen der ersten Ursache durchdrungen" und stehen dabei in der Spannung „zwischen dem sich verströmenden Sein und der Anziehungskraft des Nichts"[86]. Was das für Konsequenzen für die Gemeinschaftsfähigkeit des Menschen hat – ob mit seinen Mitmenschen oder mit Gott – soll im letzten Abschnitt vertieft werden.

4. Interpersonale Überexistenz als geeinte Verschiedenheit

Wie sich gezeigt hat, übt die Person im Herzen ihre Selbstverfügung aus. Zwar ist die Person nicht Ursache ihrer selbst, jedoch bestimmt sie über die Werte, nach denen sie strebt. Sie steht auf ontologischer Ebene in einer Fülle von Wechselbeziehungen, welche das lebendige Universum der Seienden charakterisiert. Voraussetzung dafür sind Subjekte, die aufeinander einwirken können. Darüber hinaus nehmen die geistbegabten Subjekte eine besondere Stellung ein, da sie zu *freien* Akten in Erkenntnis und Liebe fähig sind. Grundlage dafür ist die freie Ausübung ihrer geistigen Überexistenz.

In seinem Werk *Les Droits de l'homme* untersucht Maritain die sich daraus ergebenden Implikationen der menschlichen Person als sozialem Wesen. Ausgangspunkt ist dabei die menschliche Perso-

[86] J. Maritain, *L'Intuition créatrice* 259.

nalität, die wie ein eigener „Mikrokosmos" ein „großes Mysterium" darstellt. Ihre Würde und unverlierbaren Rechte basieren gerade darauf, dass sie „nicht nur auf physische Weise existiert, [...] sondern auf geistige Weise in Erkenntnis und Liebe überexistiert"[87]. Diese Überexistenz drückt ein Doppeltes aus:
Einerseits verfügt „die menschliche Person aus Fleisch und Blut über eine Seele, die ein Geist ist und mehr als das gesamte materielle Universum wert ist". So sehr sie darum auch von den kleinsten Störungen ihrer Materie abhängen mag, so sehr „existiert sie aufgrund der Existenz ihrer Seele, welche über Zeit und Tod steht. Darum ist der Geist die Wurzel der Personalität"[88]. Diese unmitteilbare Seele macht aus der Person „ein Ganzes unter Ganzen [...]. Sie ist ein Ganzes an Freiheiten, da die Person als solche Selbstherrschaft oder Unabhängigkeit bedeutet"[89]. Andererseits kann die Person, „absolut gesprochen, nicht allein sein. Das, was sie weiß, will sie sagen; und sie will sich selbst mitteilen – und wem, wenn nicht anderen Menschen?" Aus diesem Grund lässt sie sich als ein Ganzes definieren, „aber sie ist nicht ein verschlossenes Ganzes, sondern ein *offenes* Ganzes, sie ist nicht ein kleiner Gott ohne Türen und Fenster wie die Monade des Leibniz, [...] sondern sie erstrebt von Natur aus ein soziales Leben und die Gemeinschaft."[90] Dies hat eine metaphysische Ursache.[91]
Ontologische Grundlage des Bedürfnisses nach Austausch ist die Dynamik des Seins, das Neigung und Streben impliziert, sich gemäß der Natur des existierenden Seienden zu verströmen. Diese wesenhafte Freigebigkeit des Seins drückt sich in der Selbstmitteilung der Person aus und vollzieht sich durch Erkenntnis- und Liebesakte, in der sie sich selbst überschreitet. Anders ausgedrückt: Durch ihre Geistseele ist die Person zur Ausübung ihrer Überexistenz *befähigt*, während sie als Person nach Beziehungen und Kommunikation mit

87 J. Maritain, *Les Droits de l'homme*, ŒC Bd. VII, 620.
88 *Ebd.* 621.
89 *Ebd.* 623.
90 *Ebd.* 622.
91 Vgl. *ebd.* 622: „Il en est ainsi non seulement à cause des besoins et des indigences de la nature humaine [...], mais aussi à cause de la générosité radicale inscrite dans l'être même de la personne, à cause de cette ouverture aux communications de l'intelligence et de l'amour qui est le propre de l'esprit, et qui exige l'entrée en relation avec d'autres personnes."

anderen Personen *verlangt*. Es gehört also zum Wesen der Personhaftigkeit, einen Dialog zu fordern, in dem die Personen wahrhaft miteinander kommunizieren.

Dafür bildet – theologisch betrachtet – die göttliche Wirklichkeit den Ausgangspunkt. Maritain weist darauf hin, dass nach christlichem Verständnis die innergöttliche Wirklichkeit nicht einfach ein anonymes *summum esse subsistens* im Sinne einer ersten Seinsquelle oder den *actus purus* einer Monade meint. Vielmehr gehen wir aufgrund der Offenbarung des Neuen Testaments davon aus, dass Gott eine Gemeinschaft von drei Personen ist, die den Urgrund jeglicher geistiger Überexistenz bildet. Gott ist also „die höchste Personalität, da Gottes Existenz selbst in einer reinen und absoluten Überexistenz an Erkenntnis und Liebe besteht". Daraus abgeleitet betrachtet vor allem die abendländische Philosophie auch die Person „als eine Realität, die geistigerweise subsistiert und ein Universum in sich, ein (relativ) unabhängiges Ganzes konstituiert". Freilich ist dies kein verschlossenes, sondern ein offenes Ganzes, das einerseits „dem Ganzen des Universums sowie dem transzendenten Ganzen, nämlich Gott, gegenübersteht"[92].

Gerade darin kommt die Spannung von geschaffener und ungeschaffener oder endlicher und unendlicher Wirklichkeit besonders deutlich zum Vorschein. Denn ihre Fähigkeit zur Überexistenz verdankt die geschaffene Person nicht sich selbst. Vielmehr steht sie immer schon „in einer direkten Beziehung zum Absoluten", empfängt also sich und ihre Freiheit von ihm. Darauf verweist ebenso die ganze Schöpfung und die ihr innewohnende Dynamik der Transzendentalien wie auch ihre Freiheit zu sittlichem Tun. Freilich ist die menschliche Person aufgrund der ihr innewohnenden Freiheit in der Lage, abzulehnen oder anzuerkennen, dass sie allein in der direkten Beziehung zum Absoluten „ihre volle Erfüllung finden kann". Wie immer sie sich auch entscheiden mag, ihre unverlierbare Würde und ihre Rechte werden dadurch nicht berührt, da diese „der Ordnung der Dinge entstammen, die von Natur aus sakrosankt sind, die das Abbild des Vaters der Seienden tragen und in ihm das Ziel ihrer Bewegung finden"[93]. Es entspricht also ihrer Natur,

---

[92] J. Maritain, *La Personne et le bien commun*, ŒC Bd. IX, 191.
[93] J. Maritain, *Les Droits de l'homme* 621.

mit ihresgleichen zu kommunizieren. Das ist gemeint, wenn Maritain sie als „ein offenes und freigebiges Ganzes"[94] definiert. Denn gerade im Erkennen und Lieben erfüllt die Person ihre innerste Sehnsucht und ihre eigentliche Größe.

Maritains Überlegungen zur menschlichen Person finden im Jahr 1945 noch eine weitere Ergänzung. Dabei zeigt er die innere Verbindung der Personalität und der Liebe noch deutlicher auf. Im Gegensatz zu Pascal behauptet Maritain, dass sich die Liebe „nicht auf Qualitäten, Naturen oder Essenzen bezieht, sondern auf *Personen*". Wie lassen sich diese definieren? Maritain versteht darunter ein „metaphysisches Zentrum, das tiefer ist als alle Qualitäten und Essenzen, die ich im Geliebten entdecken und aufzählen kann"[95]. Der Liebende richtet also seine Liebe nicht auf die Akzidentien, sondern „das, was ich im geliebten Gegenüber liebe, ist die substantielle und verborgene Grundwirklichkeit, die am intensivsten existiert. [...] Dieser an Existenz, Güte und Tätigkeit gewissermaßen unerschöpfliche Mittelpunkt ist fähig zu geben und *sich selbst zu geben*. Und er selbst vermag [...] nicht nur diese oder jene Gabe eines anderen, sondern den anderen selbst als Gabe, als ein sich verschenkendes Selbst zu empfangen"[96].

Hierin unterscheidet sich dieses Zentrum, das Herz, nicht nur grundlegend von jeder Essenz oder Qualität, sondern darin kommt auch die Gottebenbildlichkeit der Person zum Ausdruck. Gott lässt sich als „ewiger in sich subsistierender Liebesakt" definieren, so dass sein „Erkenntnis- und Liebesakt mit seinem Existenzakt zusammenfallen und absolut mit seiner Essenz identisch sind"[97]. Darum ist die Existenz im Sinne der Hingabe nicht nur eine moralisch höherstehende Seinsstufe[98], sondern die göttliche Wirklichkeit selbst, da das Leben der drei göttlichen Personen nicht nur die transzendentalen Vollkommenheiten von Sein und Liebe, sondern auch der Personalität in eminenter Weise realisiert.

---

94 *Ebd.* 626.

95 J. Maritain, *La Personne* 190. Und mit einem Hauch von Romantik fügt Maritain noch hinzu: „C'est pourquoi ces sortes d'énumérations n'en finissent pas dans la bouche des amoureux."

96 *Ebd.* 190f.

97 J. Maritain, *De Bergson à Thomas d'Aquin*, ŒC Bd. VIII, 115.

98 Vgl. *ebd.* 106.

Damit kann letztlich die Person umschrieben werden als ein subsistierendes Zentrum, in dem das Subjekt „Ich" sagt und in Freiheit über sich verfügt. Es ist ein Universum in sich, das zugleich offen und freigebig ist und aufgrund seiner geistigen Natur danach verlangt, sich in Akten immaterieller Überexistenz mitzuteilen und zu empfangen. Diese Offenheit bezieht sich auch auf den übernatürlichen Bereich und macht sich in der menschlichen Person in einer besonderen Aspiration, dem Verlangen nach höchstem Glück und nach Unsterblichkeit bemerkbar. Zugleich findet die Befähigung zur geistigen Überexistenz ihre letzte Erfüllung in der Liebe, in der sich die Person selbst hingibt und zugleich empfängt; sie bildet gewissermaßen einen personalen Raum, in dem zwei Personen ihre Verschiedenheit bewahren und doch eine wunderbare Einheit erfahren.

Diese Einheit strebt nicht der totalen geistigen Einswerdung zu, sondern steht – analog zur inneren Struktur der Person selbst – im Zeichen einer geeinten Verschiedenheit. Denn das Geheimnis echter Liebe besteht darin, dass sich der Liebende zwar zu verlieren scheint, sich aber gerade dadurch neu aus der Hand dessen empfängt, der seine Liebe erwidert. Allein eine solche interpersonale Liebe kann auf Erden die abstrahierende und damit Objektivierung schaffende Tätigkeit des Intellekts für eine gewisse Zeit zurückstellen und somit beiden Partnern ermöglichen, sich als Subjekte einander zu schenken und sich vom anderen zu empfangen.[99] Sie geht vom unnachahmlichen Selbst, vom Herzen, aus, in welchem die Person nicht nur über sich verfügt, sondern auch sich selbst dem anderen zuwendet, sich selbst auf ihn ausrichtet und ihm sein Herz öffnet, um ihm Aufnahme zu gewähren und ihn als Subjekt, als liebenswerte Person in seiner Einzigartigkeit zu bestätigen.[100] Somit be-

[99] Vgl. J. Maritain, *Court traité* 85: „Et par l'amour enfin est brisée cette impossibilité de connaître autrui sinon comme objet. [...] Nous avons de l'être que nous aimons une obscure connaissance semblable à celle que nous avons de nous-mêmes, nous le connaissons dans sa subjectivité même [...] par l'expérience de l'union. Et lui-même [...] peut, inquiet encore, se reposer un moment dans le nid de la connaissance que nous avons de lui *comme sujet.*"

[100] Vgl. J. Maritain, *Amour et amitié,* ŒC Bd. XIII, 703: „Dans l'amour [...] la personne ou subjectivité se donne elle-même *directement, à découvert ou à nu,* sans se cacher sous les espèces d'aucun autre don moins absolument total, elle se donne tout entière du premier coup en donnant ou communiquant à l'aimé, en extasiant en lui ce qu'elle *est.*"

darf die Liebe einer personalen Dualität, in der beide Partner das Wesen ihrer Personalität zu verwirklichen vermögen. Maritain selbst spricht in diesem Zusammenhang ausdrücklich vom Paradox, das der Liebe als höchster interpersonaler Wirklichkeit zu eigen ist: Auf der einen Seite fordert sie eine ontologisch unzerstörbare Dualität zweier Personen, und auf der anderen Seite verlangt und schafft sie auf die ihr eigene Weise eine tiefe und lebendige Einheit, die sich nicht erschöpft, sondern aus der geistigen Überexistenz jedes ihrer „Pole" auf personal-kreative Weise gespeist wird.
Das Paradox der Liebe, ihre „geeinte Verschiedenheit", ist die Höchstform intersubjektiver Kommunikation. Wie die schöpferische Inspiration gründet sie in der Natur der Person, die darauf angelegt ist, ihre geistige Überexistenz in verschiedensten Akten und Operationen auszudrücken und zu entfalten. Somit gehen alle Tätigkeiten des menschlichen Lebens aus dem Herzen hervor. Was dabei im Seelengrund geschieht und welche Umsetzung es erfährt, das entspricht nach Maritain der Berufung der jeweiligen Person. Ob durch schöpferische Inspiration der geistige Keim zu einem Kunstwerk entfaltet wird oder ob intuitiv die Lösung eines rationalen Problems auftaucht, welche dann wissenschaftlich-diskursiv nachvollzogen werden muss – die geistige Anregung entfaltet sich gemäß der Anlagen ihres Seelengrundes. So kann das Ergebnis beim Politiker oder Heiligen, beim praktisch oder intellektuell Tätigen, beim Freund oder Feind Gottes recht verschieden ausfallen.[101] Und es kann beim Poeten dank seiner besonderen Sensibilität und seines *habitus* eben dazu führen, dass er „die Welt in einem Sandkorn" erfasst oder „die Ewigkeit in einer Stunde"[102] erlebt.

[101] Vgl. J. Maritain, *Poèmes et essais 667f.* „Dans cette extase naturelle où notre âme se retrempe pour ainsi dire à sa source, et dont elle sort renouvelée et **fortifiée pour la vocation** qui est la sienne – ou de poésie, ou de prière – les surréalistes [...] n'ont voulu chercher que les sources de la poésie, mais en chargeant la poésie des devoirs de la sainteté, sans les moyens de la sainteté, qui sont essentiellement don de soi."

[102] S.o. Anm. 36 bzw. in dt. Übers. (W. Blake, *Auguries of Innocence* 169): „Die Welt zu sehn im Korn aus Sand / Das Firmament im Blumenbunde / Unendlichkeit halt' in der Hand / und Ewigkeit in einer Stunde."

Autoren und Herausgeber

Conzemius, Victor, Prof. Dr. phil., geb. 1929, 1970–1980 Professor der Kirchengeschichte in Luzern.

Doré, Joseph, Prof. Dr. theol., geb. 1936, 1971 Prof. am Institut Catholique in Paris, 1992 Mitglied der Internationalen Theologenkommission, seit 1997 Erzbischof von Straßburg, Mitglied des Päpstlichen Rates für die Kultur.

Gaboriau, Florent, Prof. Dr. theol. Dr. phil., geb. 1921, 1958–1966 Professor für Philosophie der Mission de France, 1966–1968 Professor für Theologie an der Päpstlichen Universität St. Thomas von Aquin (Angelicum), Rom.

Kriegel, Raymond, geb. 1943, Studium der Philosophie und der Theologie sowie der Betriebswirtschaft, Abschluss C.N.E.S.S.S.; Stellvertretender Bezirksleiter der Caisse d' Allocations Medicales, Straßburg; Schatzmeister des Cercles d'Etudes Jacques et Raïssa Maritain, Kolbsheim.

Licht, Tobias, Dipl.-Theol., geb. 1962, Wissenschaftlicher Mitarbeiter, Erzbischöfliches Ordinariat, Freiburg; Katholischer Beauftragter für privaten Hörfunk, Karlsruhe.

Ritzler, Benedikt, Dr. theol., geb. 1967, 1999–2002 Vikar an St. Stephan, Karlsruhe; ab 2002 Leiter der Seelsorgeeinheit Hechingen; Hauptorganisator der Karlsruher Ausstellung.

Saier, Oskar, Dr. iur. can., geb. 1932, 1972 Bischof, 1978–2002 Erzbischof von Freiburg, 1979–1999 Stellvertretender Vorsitzender der Deutschen Bischofskonferenz.

Wo steht die Kirche?
Orientierung am Zweiten Vatikanischen Konzil und an der Gemeinsamen Synode
Hrsg. Albert Käuflein, Tobias Licht
Band 1

Gemachte Natur
Orientierungen zur grünen Gentechnik
Hrsg. Ekkehard Fulda, Klaus-Dieter Jany, Albert Käuflein
Band 2

Jacques Maritain
Philosophie und Politik aus katholischem Glauben
Hrsg. Tobias Licht, Benedikt Ritzler
Band 3